Pick Up! Theme Voca 초급

김종완, 김혜미

Pick up! theme Voca 초급

© 2011 **I am Books**

지은이	김종완, 김혜미
펴낸이	신성현, 오상욱
기획 · 편집	이성원, 이기은
디자인	오미정, 장정숙
일러스트	조소영
영업관리	장신동, 조신국, 장미선
펴낸곳	도서출판 아이엠북스
	153-802 서울시 금천구 가산동 327-32 대륭테크노타운 12차 1116호
대표전화	02-6343-0997~9
팩스	02-6343-0995~6
출판등록	2010년 7월 15일
	제 315-2010-000035호
ISBN	978-89-6398-050-8 53740

Pick Up! Theme Voca 초급

　　모든 언어의 기본은 어휘입니다. 이 점은 영어에 있어서도 마찬가지입니다. 처음 영어 공부를 시작할 때, 그 기초가 되는 어휘력이 없다면 상대의 말을 들을 수도, 글을 읽을 수도, 문장을 이해할 수도 없습니다. 외국어는 듣기, 쓰기, 말하기, 읽기의 네 가지 영역을 골고루 공부하면서 그 실력을 키워나가야 하지만 그 근간에는 어휘가 있습니다. 어휘력이 갖추어지지 않았다면 그 다음 단계로의 발전은 불가능하기 때문입니다. 나무가 가지를 뻗어 잎이 나고 열매를 맺기 위해 가장 처음 뿌리를 내려야 하는 것처럼 어휘는 외국어 정복에 있어서 뿌리내리기 작업과 같은 것입니다.

　　하지만, 어떻게 하면 생소한 언어의 어휘를 늘릴 수 있을까요? 어휘 암기의 조금 더 쉽고 간단한 방법은 없을까요? 그동안 수많은 책들이나 강의를 통해 단어 암기의 비법들이 공개되고 있지만 사실 어휘는 암기하는 것 이외에는 별다른 방법이 없습니다. 그렇다고 해서 무조건 어휘를 암기하는 것보다는, 암기의 효율성을 높일 수 있는 방법과 어휘 실력의 향상을 영어 실력의 향상으로 연계 지을 수 있는 방법을 찾아 어휘를 암기하는 것이 좋을 것입니다.

　　첫째, 어휘는 문장을 통해서 암기하는 것이 좋습니다. 문장 속에서 암기하다 보면 어휘가 주는 뉘앙스를 정확하게 파악할 수 있을 뿐 아니라 어휘가 쓰인 문장을 함께 암기함으로써 영어 말하기와 쓰기 실력까지 향상시킬 수 있기 때문입니다. 이에 착안하여 "Pick up! Theme VOCA"에서는 문장을 익히면

Pick up! Theme VOCA

서 어휘를 암기할 수 있도록 어휘가 쓰인 가장 좋은 예문을 함께 실었습니다.

둘째, 서로 연관성이 있는 어휘들을 함께 학습하는 것이 중요합니다. 인간의 기억력에는 한계가 있으므로 서로 연관성이 있는 어휘들을 함께 학습하여 학습의 효율을 올리는 것이 어휘 학습에 한 가지 좋은 방법이 될 것입니다.

"Pick up! Theme VOCA"는 중학교 수준의 다양한 단어를 35개의 주제로 분류하여 학습자들이 보다 효율적으로 단어를 학습할 수 있도록 기획되었습니다. 각 주제는 우리 일상생활에서 밀접한 의식주에서부터 정치, 경제에 이르기까지 다양한 영역을 포함하고 있으며, 단어별로 가장 적절한 예문을 제시하였습니다. 또한 한 가지 주제를 마무리할 때 마다 Check Up을 이용하여 암기한 단어를 가볍게 확인해 볼 수 있도록 구성하였습니다.

"Pick up! Theme VOCA"는 중학교에 입학하기 전에 중학 수준의 어휘를 미리 학습하고자 하는 예비 중학생이나, 중학교에서 배웠던 어휘를 마무리 정리하고 고등학교로 진학하고 싶은 학생들, 또는 졸업한 이후로 영어를 놓고 지내 쉬운 어휘마저 잘 기억이 나지 않거나 새로 영어를 시작하기 위해 어휘를 늘리고 싶은 일반인들에게 쉽고 효율적으로 어휘의 핵심만을 정리할 수 있는 교재가 될 것입니다.

아무쪼록, 본 교재가 영어 공부의 근간이 되는 어휘력 향상의 올바른 길잡이가 되기를 바라며, 본 교재와 함께 공부하는 모든 학습자의 영어 실력이 좋은 열매를 맺기를 바랍니다.

01 affect [əfékt] v. ~에 영향을 미치다

A Do you think the care can affect the health?
너는 걱정이 건강에 영향을 끼친다고 생각하니?

B Sure, it can.
물론 그럴 수 있지.

02 act [ǽkt] v. 행동하다

A Doesn't he act like a fool?
그가 바보처럼 행동하는 것 같지 않니?

B Yes, He does. But, he has lots of friends.
응, 그래. 하지만 그는 친구가 많아.

03 balance [bǽləns] v. ~의 균형을 잡다, 평균을 이루다

A You have to balance between exercising and studying.
너는 운동하는 것과 공부하는 것의 균형을 맞추어야 해.

B Okay, mom. I will.
알았어요, 엄마. 그렇게 할게요.

04 blind [bláind] v. 눈멀게 하다 a. 눈 먼

A What made you blind?
넌 왜 눈이 멀게 됐어?

B The accident made me blind.
그 사고 때문에 눈이 멀게 됐어.

| 주제별로 분류한 어휘

분류된 테마별로 중학교 수준의 핵심적인 어휘만을 선별하였습니다.

| 발음기호와 의미

함께 실은 발음기호를 통해 단순하게 뜻만 암기하는 것이 아니라 정확한 발음을 함께 익힐 수 있도록 하였으며 단어의 여러 가지 뜻 중에서 가장 많이 쓰이고 꼭 외워야 할 단어의 뜻을 실었습니다.

| 예문

학습자가 그 어휘의 뜻을 쉽고 빠르게 이해할 수 있도록 어휘의 의미를 가장 잘 살려줄 수 있는 예문을 선별하여 실었습니다.

| Check up

Part별로 학습했던 어휘를 한번에 총정리 할 수 있도록 마련된 Check up코너를 통해 학습자들은 지루하지 않게 공부했던 어휘를 복습할 수 있습니다.

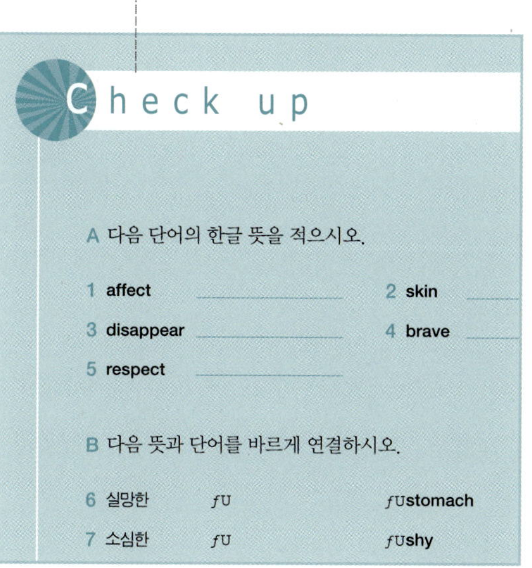

| 부록

문장에서 중요한 연결고리의 역할을 하는 전치사와 접속사를 따로 부록으로 실어 한꺼번에 정리할 수 있도록 하였습니다.

전치사와 접속사의 차이

전치사와 접속사는 연결어라는 데서 공통점이 있지만 전치사는 뒤에 명사 (혹은 명사에 해당하는 - 대명사 포함)를 데려오는 반면, 접속사는 완전한 절(주어와 동사)을 가져온다는 데에서 차이가 있다. 다음의 전치사와 접속사를 숙지하여 보다 풍부한 문장을 보는 시각을 키웠으면 한다.

전치사

1. 시간을 나타내는 전치사

① **at** (시각) 〈~에〉
② **on** (날짜, 요일, 특정한 날) 〈~에〉
③ **in** (주, 월, 계절, 년, 세기 등) 〈~에〉
④ **before** 〈~전에〉
   after 〈~후에〉
   till, until 〈~까지〉

Part **1** **Person** | 사람

Part **2** **People** | 사람들

Part **3** **Life** | 삶

Contents

Part 1

P|e|r|s|o|n

[사람]

Body

| 신체

01 **affect** [əfékt] v. ~에 영향을 미치다

A Do you think the care can affect the health?
너는 걱정이 건강에 영향을 끼친다고 생각하니?

B Sure, it can.
물론 그럴 수 있지.

02 **act** [ǽkt] v. 행동하다

A Doesn't he act like a fool?
그가 바보처럼 행동하는 것 같지 않니?

B Yes, He does. But, he has lots of friends.
응, 그래. 하지만 그는 친구가 많아.

03 **balance** [bǽləns] v. ~의 균형을 잡다, 평균을 이루다

A You have to balance between exercising and studying.
너는 운동하는 것과 공부하는 것의 균형을 맞추어야 해.

B Okay, mom. I will.
알았어요, 엄마. 그렇게 할게요.

04 **blind** [bláind] v. 눈멀게 하다 a. 눈 먼

A What made you blind?
넌 왜 눈이 멀게 됐어?

B The accident made me blind.
그 사고 때문에 눈이 멀게 됐어.

05 **deep** [díːp] a. (목소리 등이) 굵고 낮은, 깊은

A Can I join this part of the song?

내가 노래의 이 파트에 함께해도 되겠니?

B I'm afraid you can't. Your voice is too deep.

안될 것 같아. 너의 목소리는 너무 굵어.

06 **bone** [bóun] n. 뼈

A Did you find the bone in the picture?

그림에서 뼈다귀를 찾았니?

B Yes, I did. This is the one, right?

응, 찾았어. 이거 맞지?

07 **brain** [bréin] n. 뇌

A What does the brain do in our body?

뇌는 우리 몸에서 무슨 일을 하니?

B It handles all about our body.

그것은 우리 몸의 전부를 관리해.

08 **breath** [bréθ] n. 숨, 호흡

A I'm very nervous.

너무 긴장돼.

B Take a deep breath, and you'll feel better.

숨을 깊게 쉬어봐. 기분이 한결 나아질 거야.

09 **gesture** [dʒéstʃər] v. 몸짓하다 n. 몸짓, 손짓

A He gestured to you for another drink.
그가 한 잔 더 달라고 손짓했어.

B Really? I didn't see that.
정말? 난 못 봤는데.

10 **heart** [hɑ́:rt] n. 심장, 마음

A It warms my heart to hear such a story.
그 이야기를 들으니 마음이 훈훈해진다.

B So do I.
나도 그래.

11 **mind** [máind] v. 염두에 두다, 꺼리다 n. 마음

A Do you mind opening the window?
창문 여는 게 싫으니?

B No, I don't. If you want it, do it.
아니, 괜찮아. 네가 원하면 그렇게 해.

12 **relax** [rilǽks] v. 완화하다

A You look sick.
아파 보여.

B I have a headache. I need to sit down and relax.
머리 아파. 앉아서 쉬어야겠어.

13　**bear** [bέər]　v. (아이를) 낳다, (무게를) 지탱하다

A　When was he born?

그는 언제 태어났니?

B　He was born in 1983.

그는 1983년에 태어났어.

14　**skin** [skín]　v. 껍질을 벗기다, 가죽으로 덮이다　n. 피부

A　Her skin is as smooth as silk.

그녀의 피부는 비단처럼 부드럽다.

B　Yes, you're right.

응, 너의 말이 맞아.

15　**stomach** [stΛmək]　n. 복부, 위

A　Does it have an effect on a diet?

이거 다이어트에 효과 있니?

B　Yes, it is. Especially for a stomach part.

응, 특히 복부에.

16　**throat** [θróut]　n. 목구멍

A　I have a sore throat.

나 목이 아파.

B　You had better take a medicine and rest.

약 먹고 쉬는 편이 낫겠어.

17 voice [vɔ́is] n. 목소리, 음성

A His voice is so lovely.

그의 목소리는 정말 좋아.

B Yes, you're right.

응, 너의 말이 맞아.

18 disappear [dìsəpíər] v. 사라지다, 소멸되다

A What happened?

무슨 일이야?

B It disappeared suddenly.

그게 갑자기 사라졌어.

19 fill [fíl] v. 채우다, 만족시키다

A Fill in the blank.

빈칸을 채워.

B Okay. Don't worry about it.

좋아. 걱정 마.

20 broken [bróukən] a. 부서진, 깨진, 고장 난

A How about your broken arm?

네 부러진 팔은 어떠니?

B It's not good yet.

아직 좋지는 않아.

Character

| 성격

01 **active** [ǽktiv] a. 활동적인, 적극적인

A Introduce yourself to your friends.

친구들에게 자기소개를 좀 해봐.

B Hello, I'm Jessica. I'm very active.

안녕, 난 Jessica야. 난 매우 활동적이야.

02 **brave** [bréiv] a. 용감한

A Why do you like him?

넌 왜 그 남자를 좋아하니?

B Because he's brave.

왜냐하면 그는 용감하거든.

03 **calm** [kɑ́:m] v. 가라앉히다 a. 고요한, 조용한

A I think someone is in my house.

집 안에 누군가가 있는 것 같아요.

B Calm down, and tell me your address.

진정하고 주소를 불러주세요.

04 **clever** [klévər] a. 영리한

A I got a good grade on a math test.

나 수학 시험에서 좋은 성적을 받았어.

B How clever you are!

정말 영리하구나!

05　**courage** [kə́:ridʒ, kʌ́r-]　n. 용기

A　I think he had a lot of courage.

나는 그가 매우 용기 있었다고 생각해.

B　You're right, so I envy him.

네가 옳아. 그래서 그가 부러워.

06　**curious** [kjúəriəs]　a. 호기심 있는

A　A cat is a curious animal.

고양이는 호기심 있는 동물이야.

B　Oh, I love it.

오, 난 그게 좋아.

07　**diligent** [dílədʒənt]　a. 부지런한

A　I always get up at 6.

난 항상 6시에 일어나.

B　You're really diligent.

정말 부지런하구나.

08　**lazy** [léizi]　a. 게으른

A　He didn't do his homework again.

그는 또 숙제를 안 해왔어.

B　He didn't? He is so lazy.

그래? 그는 너무 게으른 것 같아.

09 **doubt** [dáut] v. 의심하다 n. 의심

A **Which one is better?**

어떤 게 더 나아?

B **Without a doubt, the purple one is better.**

의심할 여지없이, 자주색인 것이 더 낫지.

10 **favor** [féivər] v. ~에게 호의를 보이다 n. 호의, 친절

A **Can you do me a favor?**

부탁 좀 들어줄래?

B **Of course, What's that?**

물론이지, 뭔데?

11 **harm** [háːrm] v. 해치다 n. 손상

A **The lizard doesn't harm you.**

도마뱀은 널 해치지 않아.

B **But, I'm still scared.**

그렇지만 난 여전히 무서워요.

12 **friendly** [fréndli] a. 친절한

A **Mr. Taylor helped me find your house.**

Taylor 씨가 너희 집 찾는 것을 도와 주셨어.

B **He is a friendly man.**

그는 친절한 분이시구나.

13 **honest** [ánist] a. 정직한

> **A** I didn't steal anything.
> 난 아무것도 훔치지 않았어.

> **B** You have to be honest.
> 넌 정직해야 해.

14 **hero** [híərou] n. 영웅

> **A** Hey, there's Spiderman.
> 이봐, 저기에 스파이더맨이 있다.

> **B** Oh, he is my hero.
> 오, 그는 나의 영웅이야.

15 **rude** [rúːd] a. 버릇없는, 무례한

> **A** Isn't he rude to say so?
> 그가 그렇게 말하는 걸 보니 무례한 것 같지 않니?

> **B** Yes, he is.
> 응, 그래.

16 **serious** [síəriəs] a. 진지한

> **A** Are you serious?
> 너 진심이야?

> **B** Yes, I am.
> 응, 그래.

17 shy [ʃái] v. 주저하다 a. 수줍은

A I can't do this.

난 이거 못하겠어.

B Don't be shy.

부끄러워하지 마!

18 strict [stríkt] a. 엄한

A What is your father like?

아버지는 어떠시니?

B He's very strict.

매우 엄격하셔.

19 wonder [wʌ́ndər] v. 이상하게 여기다, ~이 아닐까 생각하다 a. 경이로운

A Is anything wrong?

뭐가 잘못됐니?

B I wonder if it's right or not.

이게 맞는지 궁금해.

20 wise [wáiz] a. 지혜로운

A My mother told me to do it like this.

엄마가 나에게 이렇게 하라고 하셨어.

B Your mother is very wise.

너의 엄마는 매우 현명하시구나.

Lesson.3
Feelings
| 감정

01 afraid [əfréid] a. 두려워하여

A What are you afraid of?

넌 뭐가 두렵니?

B I'm afraid of being alone.

난 혼자 있는 게 두려워.

02 angry [ǽŋgri] a. 성난, 화난

A Is your mom angry with you?

너희 엄마는 너에게 화나셨니?

B No, she isn't.

아니, 화 안 나셨어.

03 anxious [ǽŋkʃəs] a. 걱정하는

A He's on a new project.

그는 새로운 프로젝트를 맡고 있어.

B He's anxious about that.

그는 그것에 대해 걱정하고 있어.

04 boring [bɔ́ːriŋ] a. 지루한, 따분한

A How was the book?

그 책 어땠니?

B It was boring.

지루했어.

05 **crazy** [kréizi] a. 미친, 열광하는

A Is he still watching TV?
그는 아직도 TV를 보고 있니?

B Yes, he is. He is crazy about that soap opera these days.
응, 그래. 그는 요즘 그 드라마에 빠져 있거든.

06 **disappointed** [dìsəpɔ́intid] a. 실망한

A I failed the entrance exam.
나 입학시험에 떨어졌어.

B I'm disappointed with you.
너한테 실망했어.

07 **embarrassed** [imbǽrəst, em-] a. 당황한, 난처한

A I fell off the chair.
나 의자에서 떨어졌어.

B You must be embarrassed.
당황했겠구나.

08 **excited** [iksáitid] a. 흥분한, 활발한

A I heard tomorrow is your first day of school, isn't it?
내일이 신학기 첫 날이라고 들었어. 맞지?

B Yes, it is. I'm so excited.
응, 맞아. 너무 흥분돼.

09 **feel** [fi:l] v. ~을 느끼다, ~한 느낌이 들다

A Can you feel her pulse?

너는 그녀의 맥박을 느낄 수 있니?

B Yes, I can.

응, 느낄 수 있어.

10 **respect** [rispékt] v. 존경하다

A Who do you respect?

넌 누구를 존경하니?

B I respect Helen Keller.

난 헬렌 켈러를 존경해.

11 **interested** [íntərəstid, -tərèst-] a. 흥미를 가진

A Are you interested in English?

너는 영어에 흥미가 있니?

B Yes, I am. But, I don't do well.

응, 그래. 하지만, 잘하지는 못해.

12 **lonely** [lóunli] a. 고독한, 쓸쓸한

A Peter lives alone.

Peter는 혼자 살아.

B He looks lonely.

그는 쓸쓸해 보여.

13 nervous [nə́:rvəs] a. 신경질적인, 불안한

A It's my turn.

내 차례야.

B Don't be nervous.

긴장하지 마세요.

14 pleased [plíːzd] a. 즐거운, 만족스러운

A I'm pleased to meet you again.

너를 다시 만나니 반가워.

B Me, too.

나도 그래.

15 reason [ríːzn] v. 논리적으로 생각하다 n. 이성, 이유

A He reasoned that the theory was wrong.

그는 그 이론이 틀렸다고 생각했어.

B Did he?

그랬어?

16 scared [skɛ́ərd] a. 깜짝 놀란, 겁에 질린

A What's wrong?

무슨 문제 있니?

B I'm scared at that sound.

난 저 소리에 놀랐어.

17 sure [ʃúər, ʃɔ́ːr] a. 틀림없는, 확실한

A Are you sure?

너 확실하니?

B Yes, I am. Believe me.

응, 그래. 날 믿어.

18 surprised [sərpráizd] a. 놀란

A I was surprised at the party.

난 그 파티에 놀랐어.

B Was it your birthday party?

너의 생일 파티였니?

19 upset [ʌpsét] v. 당황하게 하다, 뒤엎다 a. 속상한

A Don't upset the boat.

보트 뒤집지 마.

B Okay, I know that.

알았어요, 알고 있어요.

20 worried [wɔ́ːrid] a. 걱정스러운

A I have a midterm test tomorrow.

나 내일 중간고사 시험이 있어.

B Are you worried?

걱정되니?

Check up

A 다음 단어의 한글 뜻을 적으시오.

1 affect _______________ 2 skin _______________

3 disappear _______________ 4 brave _______________

5 respect _______________

B 다음 뜻과 단어를 바르게 연결하시오.

6 실망한 • • stomach

7 소심한 • • shy

8 몸짓 • • curious

9 위(몸의 기관) • • disappointed

10 호기심이 있는 • • gesture

C 다음 밑줄 그은 단어와 비슷한 뜻을 가진 단어를 고르시오.

11 I'm anxious about my father.

a. afraid b. worried c. nervous d. embarrassed

D 다음 밑줄 그은 단어와 반대되는 뜻을 가진 단어를 고르시오.

12 He is very diligent student.

a. strict   b. lazy   c. courage   d. calm

E 다음 밑줄 그은 뜻과 일치하는 단어를 고르시오.

honest   rude   voice

13 "그녀는 매우 무례했어!"　　　　　　　__________

14 "그의 목소리는 너무 매력적이야!"　　__________

15 "그 아이는 제가 본 아이들 중에서 가장 정직합니다."　__________

Part 2

People

[사람들]

Family

|가족

01 **age** [éidʒ] v. 나이를 먹다 n. 나이

A I feel age day by day.

난 날마다 나이 먹는 걸 느껴.

B So do I.

나도 그래.

02 **birthday** [bə́ːrθdèi] n. 생일

A When is your birthday?

너 생일이 언제야?

B My birthday is in May.

내 생일은 5월이야.

03 **dead** [déd] a. 죽은

A Is she dead?

그녀는 죽었니?

B Yes, she died 5 years ago.

응, 그녀는 5년 전에 죽었어.

04 **careful** [kέərfəl] a. 조심성 있는

A I dropped my cup.

내 컵을 떨어뜨렸어.

B Be careful!

조심하렴.

05　**childhood** [tʃáildhùd]　n. 어린 시절, 유년 시절

A　I spent my childhood in Chicago.
난 나의 유년 시절을 시카고에서 보냈어.

B　How was it?
어땠니?

06　**grow** [gróu]　v. 성장하다, 자라다.

A　What do you want to be when you grow up?
넌 커서 뭐가 되고 싶니?

B　I want to be a designer.
난 디자이너가 되고 싶어.

07　**housewife** [háuswàif]　n. (전업)주부

A　Is your mother a housewife?
너의 어머니는 전업주부이시니?

B　Yes, she is.
응, 그래.

08　**husband** [hʌ́zbənd]　n. 남편

A　Who is he?
그는 누구이니?

B　He is my husband.
그는 내 남편이야.

09 **marry** [mǽri] v. ~와 결혼하다

A Would you marry me?
나랑 결혼할래?

B Yes, I'd love to.
응, 할게.

10 **relative** [rélətiv] n. 친척

A Do you have any relatives in Seoul?
너 서울에 친척이 있니?

B No, I don't.
아니, 없어.

11 **advice** [ædváis, əd-] n. 충고

A Can I give you some advice?
내가 충고 좀 해도 되겠니?

B Of course, you can.
물론이지.

12 **sister** [sístər] n. 여자 형제; 언니, 누이

A How old is your sister?
너의 언니는 몇 살이니?

B She is 15 years old.
그녀는 15살이야.

13 **aunt** [ǽnt, ɑ̀ːnt] n. 아주머니, 백모, 숙모, 고모, 이모

A Where does your aunt live?
너의 숙모는 어디 사시니?

B She lives in California.
그녀는 캘리포니아에 사셔.

14 **uncle** [ʌ́ŋkl] n. 아저씨, (외)삼촌, 고모부, 이모부

A What does your uncle look like?
너의 삼촌은 어떻게 생기셨니?

B He is tall and fat.
키가 크고 뚱뚱하셔.

15 **nephew** [néfjuː] n. 조카

A He is so cute. Who is he?
그는 무지 귀엽다. 누구니?

B He is my nephew.
내 조카야.

16 **cousin** [kʌ́zn] n. 사촌

A How many cousins do you have?
넌 사촌이 몇 명 있니?

B I have 10 cousins.
난 사촌이 10명 있어.

17 **grandmother** [grǽndmʌ̀ðər] n. 할머니

A How often do you visit your grandmother?

넌 얼마나 자주 너의 할머니 댁에 방문하니?

B Once a month.

한 달에 한 번.

18 **grandfather** [grǽndfɑ̀ːðər] n. 할아버지

A How old is your grandfather?

너의 할아버지는 몇 살이시니?

B He's 82 years old.

그는 82세야.

19 **niece** [níːs] n. 조카딸

A What's your niece's name?

너의 조카딸의 이름은 뭐니?

B Her name is Julia.

그녀의 이름은 Julia야.

20 **grandson** [grǽndsʌ̀n] n. 손자

A Is he her grandson?

그가 그녀의 손자이니?

B Yes, he is.

응, 그래.

Job

| 일

01 **able** [éibl] a. ~할 수 있는, 유능한

A Are you able to work at night?
넌 밤에 일할 수 있니?

B Yes, I am.
응, 그래.

02 **business** [bíznis] n. 사업, 사무

A Is Sam there?
Sam 있나요?

B No, he isn't. He's on a business trip.
아니, 그는 출장 중이야.

03 **company** [kʌ́mpəni] n. 회사, 동료, 동행

A Where is your company?
너희 회사는 어디에 있니?

B It's in Jeju island.
제주도에 있어.

04 **designer** [dizáinər] n. 디자이너, 설계자

A What do you do?
직업이 뭐니?

B I'm a designer.
난 디자이너야.

05 **engineer** [endʒiníər] n. 기술자

A What does your father do?

너희 아버지는 직업이 무엇이니?

B He is an engineer.

그는 기술자야.

06 **farmer** [fáːrmər] n. 농부

A Do you know that farmer?

너 저 농부를 알고 있니?

B No, I don't. Why do you ask me?

아니, 몰라. 왜 묻는데?

07 **control** [kəntróul] v. 통제하다, 감독하다

A Who controlled that project?

그 프로젝트 누가 감독했니?

B I did.

내가 했어.

08 **hardworking** [háːrdwə̀ːrkiŋ] a. 근면한, 열심인

A He is very hardworking, isn't he?

그는 매우 근면해, 그렇지 않니?

B Yes, he is.

응, 그래.

09 **job** [dʒáb] n. 일, 직업

A Do you have a job?

넌 직업이 있니?

B Yes, I do. Actually I got it yesterday.

응, 있어. 사실 어제 구했어.

10 **drive** [dráiv] v. 운전하다

A Can you drive a car?

너 운전 할 수 있니?

B Of course, I can.

물론, 할 수 있지.

11 **manager** [mǽnidʒər] n. 지배인, 경영자

A I want to meet the manager of this department.

난 이 부서의 지배인을 만나고 싶어.

B Follow me.

날 따라와요.

12 **office** [ɔ́:fis, áf-] n. 사무실

A Where are you?

너 어디에 있니?

B I'm in my office.

난 내 사무실에 있어.

13 **fix** [fíks] v. 고치다

A Can you fix it?
너 이거 고칠 수 있어?

B Yes, I can. But, I need lots of time.
응. 할 수 있어. 하지만 시간이 많이 필요해.

14 **pilot** [páilət] n. 비행기 조종사

A Do you want to be a pilot.
너 조종사가 되고 싶니?

B No, I don't.
아니.

15 **professional** [prəféʃənl] a. 직업의, 프로의 n. 기술 전문가

A What's your strong point?
너의 강점은 무엇이니?

B I have a professional mind of my work.
난 내 일에 직업정신을 갖고 있어.

16 **program** [próugræm, -grəm] v. 프로그램을 짜다 n. 프로그램

A I'm watching a TV program.
나는 TV 프로그램을 보고 있어.

B I think it's too violent.
나는 그것이 너무 폭력적이라고 생각해.

17 **soldier** [sóuldʒər] n. 군인

A That soldier is brave.

저 군인은 용감해.

B You're brave, too.

너도 용감해.

18 **nurse** [nə́:rs] n. 간호사

A The nurse makes me comfortable.

그 간호사는 날 편안하게 해줘.

B She is so nice.

그녀는 매우 친절하구나.

19 **worker** [wə́:rkər] n. 일하는 사람, 노동자

A How many workers are there?

노동자가 몇 명이나 있니?

B About 100.

약 100명.

20 **place** [pléis] v. 배치하다 n. 장소

A Where should I place this furniture.

이 가구 어디에 배치해야 할까?

B How about here?

여기는 어때?

Lesson 3
Transportation
교통

01 **pedestrian** [pədéstriən] n. 보행자

A What does this sign mean?

이 표지는 무얼 의미하는 거니?

B It means it's just for pedestrians.

그건 보행자만 다닐 수 있는 곳이란 뜻이야.

02 **parking space** n. 주차장

A Excuse me. How can I get to the parking space of this building?

실례합니다. 이 건물 주차장에 어떻게 가야 하나요?

B Go straight and turn right.

똑바로 가서 우회전 하세요.

03 **platform** [plǽtfɔ:rm] n. 승강장

A Where's the departure platform?

발차 승강장이 어디있나요?

B It's over there. 저쪽이에요.

04 **traffic light** n. 신호등

A Why is here so crowded?

여기는 왜 이렇게 혼잡한 거야?

B I think the traffic light doesn't work.

내 생각엔 신호등이 고장 난 것 같아.

05 **compact** [kəmpǽkt] a. 조밀한, 밀집한, (자동차가) 작고 경제적인

A How about this car?

이 차는 어때?

B It's compact.

작고 경제적이구나.

06 **airport** [erpɔ́ːrt] n. 공항

A How far is it to the airport?

공항까지 거리가 얼마나 돼요?

B About 10km.

10킬로쯤 돼요.

07 **train** [tréin] n. 기차

A Which one is faster, a train or a bus?

기차랑 버스 중에 어떤 게 더 빠르니?

B A train.

기차.

08 **subway** [sʌ́bwèi] n. 지하철

A Where is the nearest subway station?

가장 가까운 지하철역이 어디니?

B It's over there.

저쪽에 있어.

09 **streetlight** [strí:tlàit] n. 가로등

A It's too dark.

너무 어둡다.

B We need some streetlight here.

여기에는 가로등이 필요해.

10 **motorcycle** [móutərsàikl] n. 오토바이, 모터사이클

A Do you have a license for a motorcycle?

너 오토바이 운전면허증 있어?

B No, I don't.

아니, 없어.

11 **one-way** [wʌnwéi] n. 편도

A One-way or round-trip?

편도로 줄까요, 아니면 왕복으로 줄까요?

B One-way, please.

편도로 주세요.

12 **tow truck** [tóutrʌk] n. 견인차

A I have a flat tire.

자동차 바퀴가 펑크 났어.

B You'd better call a tow truck.

견인차를 부르는 게 낫겠어.

13 **sign** [sáin] n. 표지판, 기호

A I missed a sign. Where is it?

표지판을 못 봤어. 여기가 어디야?

B Here is Seoul.

여기 서울이야.

14 **intersection** [ìntərsékʃən] n. 교차점

A Is the intersection far from here?

교차점이 여기에서 멀리 있니?

B No, it isn't.

아니, 그렇지 않아.

15 **departure** [dipáːrtʃər] n. 출발

A Can I go to the toilet after departure?

출발한 뒤에 화장실을 가도 되나요?

B Yes, you can.

네, 갈 수 있어요.

16 **wait for** [wéit fɔːr] v. ~을 기다리다

A What are you waiting for?

넌 무엇을 기다리고 있니?

B I'm waiting for the delivery.

배달을 기다리고 있어.

17 park [pá:rk] v. 주차하다

A Where did you park?
어디에 주차했어?

B In front of my house.
우리 집 앞에.

18 ride [ráid] v. ~을 타다

A Can you ride a bike?
너 자전거 탈 줄 알아?

B Yes, I can.
응, 탈 줄 알아.

19 cross [krɔ́:s] v. 가로지르다

A How can I cross the street?
길을 어떻게 건너니?

B You can use a cross walk there.
저기에 횡단보도가 있어.

speed [spí:d] n. 속도

A This road limited under speed 60km/h.
이 길은 시속 60km 제한 구역이야.

B I'm sorry, I didn't know that.
미안, 몰랐어.

A 다음 단어의 한글 뜻을 적으시오.

1 relative   _____________   2 company   _____________

3 compact   _____________   4 parking space   _____________

5 pilot   _____________

B 다음 뜻과 단어를 바르게 연결하시오.

6 조카   •   • departure

7 속도   •   • nurse

8 출발하다   •   • nephew

9 간호사   •   • intersection

10 교차정   •   • speed

C 다음 밑줄 그은 뜻과 일치하는 단어를 고르시오.

| uncle | aunt | marry | soldier | subway |

저희 (11)삼촌을 소개하겠습니다. 저희 삼촌은 올해 나이 40세 이십니다. 직업은 (12)군인이시고 매일 아침 (13)지하철을 타고 출근하십니다. 삼촌은 (14)숙모를 정말 사랑하십니다. 이제 막 (15)결혼 한 것 같을 정도입니다. 저는 그런 삼촌이 자랑스럽습니다.

11 ___________________   12 ___________________

13 ___________________   14 ___________________

15 ___________________

Part 3

Life
[삶]

Clothes 의복 | **Food** 음식 | **Cooking** 요리 | **Housing** 주택

Lesson 1
Clothes

| 의복

01 **change** [tʃéindʒ] v. 변화하다, 바꾸다 n. 변화

A Should I color this with yellow?
이건 노란색으로 칠해야 하니?

B No, you can change it.
아니, 넌 색깔을 바꿀 수 있어.

02 **closet** [klɑ́zit] n. 옷장

A Where is my jacket?
내 재킷 어디에 있니?

B It's in the closet.
그것은 옷장 안에 있어.

03 **cloth** [klɔ́ːθ, klɑ́θ] n. 천, 옷감

A She has many clothes.
그녀는 옷이 많아.

B I envy her.
그녀가 부러워.

04 **cheap** [tʃíːp] a. (값이) 싼

A It's one dollar each.
그것은 각각 1달러씩이야.

B It's very cheap.
매우 싸구나.

05 **expensive** [ikspénsiv] a. (값이) 비싼

A It's 50 dollars.

그건 50 달러야.

B It's more expensive than that one.

그것이 저것보다 비싸구나.

06 **comfortable** [kʌ́mftəbl, -fərtə-] a. 편안한

A What kind of sofa do you want?

넌 어떤 종류의 소파를 원하니?

B I want comfortable one.

난 편안한 것을 원해.

07 **dress** [drés] v. ~에 옷을 입히다, 옷을 입다, 정장하다 n. 의복, 정장, 드레스

A She dresses fashionably all the time.

그녀는 항상 멋지게 옷을 입어요.

B She may have a party every night.

매일 밤 파티가 있나 보지.

08 **well-dressed** [wéldrést] a. 몸치장을 잘한

A You are well-dressed.

너 옷 잘 차려 입었구나.

B Thank you very much.

매우 고마워.

09 **cool** [kúːl] a. 훌륭한, 시원한, 냉정한 n. 냉기, 냉정

A I bought a new dress.

나 새로운 옷을 샀어.

B It's cool.

훌륭한 걸.

10 **fashion** [fǽʃən] v. 모양 짓다, 만들다 n. 유행, 패션

A That's the latest fashion.

저것이 최신 유행이야.

B I think it looks weird.

난 이상해 보이는데.

11 **fit** [fít] v. ~에 적합하다, 꼭 맞다 a. 어울리는

A I think this skirt doesn't fit me.

내 생각에 이 치마는 나에게 맞지 않는 것 같아.

B You'd better try another one.

넌 다른 것을 입어 보는 게 나을 것 같아.

12 **shorts** [ʃɔ́ːrt] n. 반바지 a. 짧은, 키가 작은

A Who's Jane?

Jane이 누구니?

B She is the girl wearing shorts.

반바지를 입고 있는 저 소녀야.

13 **size** [sáiz] v. 어떤 치수로 만들다, ~의 크기를 재다 n. 크기, 치수

A I sized this skirt for large.

난 이 치마를 큰 치수로 만들었어.

B But it's too large.

그렇지만 이것은 지나치게 큰 것 같아.

14 **sneaker** [sníːkər] n. (고무창을 댄) 운동화

A Why do you like sneakers?

너는 왜 운동화를 좋아하니?

B Because they are comfortable.

왜냐하면 그것들은 편안하기 때문이야.

15 **style** [stáil] n. 스타일, 모양

A Your style is good today.

오늘 스타일 좋다.

B I know that. Thanks a lot.

알아. 고마워.

16 **suit** [súːt] n. 정장 v. 적응시키다

A Do I wear a suit for the party?

파티를 위해서 정장을 입어야 합니까?

B No. You don't need to.

아니요. 그럴 필요는 없어요.

17 **tight** [táit] a. 꽉 끼는

A It's very tight to me.

그것은 나에게 너무 꽉 끼는 것 같아.

B How about losing weight?

살을 좀 빼보는 건 어때?

18 **loose** [lúːs] v. (매듭을) 풀다 a. 헐거운 ad. 느슨하게

A I can't loose this knot.

난 이 매듭을 못 풀겠어.

B Do you need my help?

내 도움이 필요하니?

19 **trousers** [tráuzərz] n. 바지

A Do you have trousers, too?

바지도 있나요?

B Yes, we have. Follow me.

네, 있어요. 따라오세요.

20 **uniform** [júːnəfɔ̀ːrm] n. 제복, 유니폼 a. 한결같은

A Do you wear a uniform in your school?

너 학교에서 교복을 입니?

B Yes, I do. I like my school uniform.

응, 난 우리 교복이 마음에 들어.

Food

|음식

01 **appetite** [ǽpətàit] n. 식욕

A It's very delicious.

매우 맛있다.

B A good appetite is a good sauce.

시장이 반찬이지.

02 **chew** [tʃúː] v. 씹다

A Don't chew gum during the class.

수업시간에는 껌 씹지 마.

B Okay, Mr. Smith.

네, Smith 선생님.

03 **delicious** [dilíʃəs] a. 맛있는

A How was the spaghetti?

스파게티는 어땠니?

B It was delicious.

맛있었어.

04 **dessert** [dizə́ːrt] n. 후식

A What kind of dessert do you have?

후식은 뭐가 있나요?

B We have juice, coffee and green tea.

주스, 커피, 그리고 녹차가 있습니다.

05 **fast food** [fǽstfùːd] n. (금방 나오는) 간이 음식

A Do you like fast food?
넌 패스트푸드를 좋아하니?

B No, I don't. I like Korean traditional food.
아니, 난 한식을 좋아해.

06 **fresh** [fréʃ] a. 신선한

A I'll take this pie.
이 파이를 살게요.

B Okay, I'll bring you fresh one.
좋아요, 신선한 것으로 가져다줄게요.

07 **rot** [rát] v. 썩다, 썩이다 n. 썩음

A What's this smell?
이 냄새는 뭐지?

B The log is rotting away.
통나무가 썩고 있어.

08 **order** [ɔ́ːrdər] v. 주문하다 n. 주문, 순서

A I'm hungry.
나 배고파.

B I already ordered a pizza by the phone.
내가 벌써 전화로 피자를 주문해 놨어.

09 **hungry** [hʌ́ŋgri] a. 배고픈

A Are you hungry?
배고프니?

B No, I'm not. I had lunch an hour ago.
아니, 한 시간 전에 점심을 먹었어.

10 **meal** [miːl] n. 식사

A Did you have breakfast?
너 아침 먹었니?

B Yes, I did. I don't skip meals.
응, 난 끼니를 거르지 않아.

11 **salt** [sɔ́ːlt] v. 소금으로 간을 맞추다 a. 소금기 있는 n. 소금

A This soup tastes flat.
이 수프는 싱겁다.

B You have to salt more.
소금으로 간을 더 맞추어야 하겠어.

12 **seafood** [síːfúːd] n. 해산 식품

A What kind of seafood do you like?
넌 어떤 종류의 해산물을 좋아하니?

B I like oysters.
난 굴을 좋아해.

13 slice [sláis] v. 얇게 베다 n. 얇게 썬 조각

A What did you do in the kitchen?

너 주방에서 뭐 했니?

B I sliced fruit.

과일을 썰었어.

14 snack [snǽk] n. 가벼운 식사

A Let's have some snack.

우리 간식 먹자.

B How about hamburgers?

햄버거는 어때?

15 spicy [spáisi] a. 양념이 많은, 매운

A I like Kimchi.

난 김치를 좋아해.

B Isn't it spicy?

맵지 않니?

16 starve [stá:rv] v. 몹시 배고프다, 굶주리다

A I'm almost starving.

나 배가 너무 고파.

B Let's have lunch.

우리 점심먹자.

17 sweet [swíːt] a. 단 n. 단맛, 사탕

A There are a lot of candies in your room.

너의 방에 사탕들이 많이 있구나.

B I like sweets.

나는 단 것들을 좋아해.

18 taste [téist] v. ~맛이 나다 n. 미각, 맛

A How is it?

어때?

B It tastes good.

맛있는데.

19 thirsty [θə́ːrsti] a. 목마른

A I'm thirsty.

나 목말라.

B Here is something to drink.

여기에 마실 것이 있어.

20 sour [sáuər] v. 시게하다 a. 신

A What makes this food sour?

무엇 때문에 이 음식이 이렇게 신 것일까?

B I think vinegar makes it sour.

내 생각에는 식초가 시게 한 것 같아.

Lesson 3
Cooking
|요리

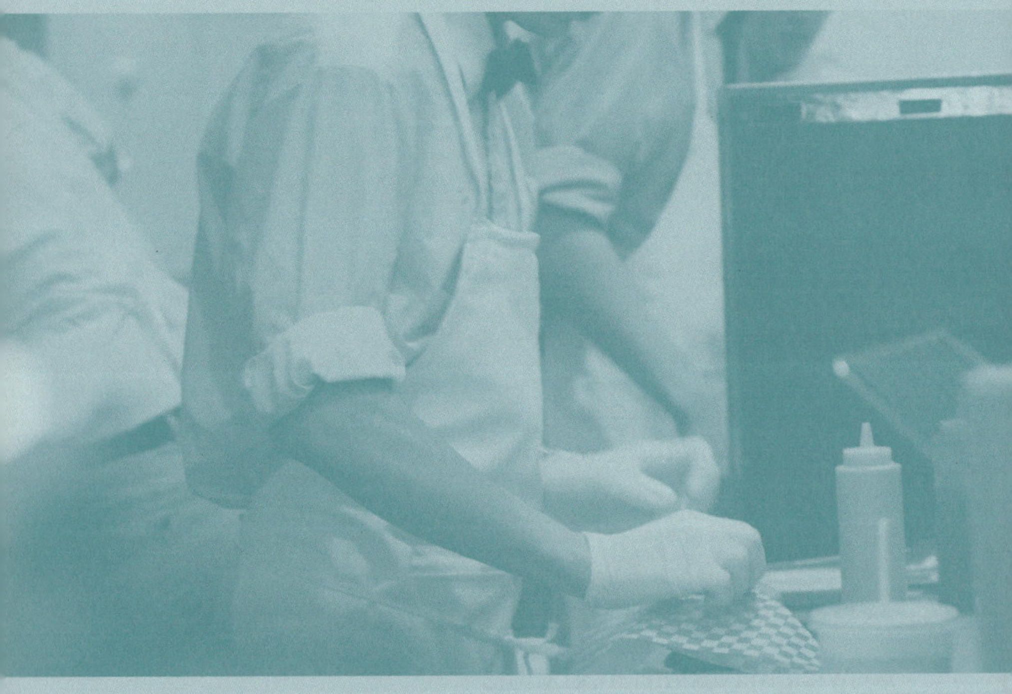

01 **bake** [béik] v. 굽다

A What are you doing?

너 뭐 하고 있니?

B I'm baking some bread.

난 빵을 좀 굽고 있어.

02 **boil** [bɔ́il] v. 끓이다, 삶다

A What should we do first?

우선 무엇을 해야 하니?

B Boil the water first.

먼저 물을 끓여.

03 **bowl** [bóul] n. 그릇

A How much chicken soup do you want?

넌 치킨 수프를 얼마나 원하니?

B I want a bowl of chicken soup.

난 치킨 수프 한 그릇을 원해.

04 **burn** [bə́ːrn] v. 태우다, 타다 n. 화상

A I burnt my hair a little by my mistake.

난 실수로 머리카락을 조금 태웠어.

B That's too bad.

그것 참 안됐구나.

05 cooker [kúkər] n. 요리기구

A May I use this cooker?

이 요리기구 사용해도 되니?

B Of course. Here it is.

물론이야. 여기 있어.

06 thin [θín] v. 가늘게 하다 a. 가는, 얇은, 여윈

A How does she look like?

그녀는 어떻게 생겼죠?

B She is tall and thin, with long blond hair.

그녀는 키가 크고 마른 체형에, 긴 금발 머리를 하고 있어요.

07 thick [θik] a. 굵은, 두꺼운

A Which one is yours?

어떤 것이 너의 것이니?

B The thick books is mine.

그 두꺼운 책이 내꺼야.

08 flour [fláuər] n. 밀가루

A Why do you need some flour?

넌 왜 밀가루가 필요하니?

B Because I want to make a pancake.

왜냐하면 난 팬케이크를 만들려고 하거든.

09 **fry** [frái] v. (기름으로) 튀기다 n. 튀김

A The fried rice is good. Try some.

이 볶음밥 맛있어. 좀 먹어봐.

B No, thanks.

고맙지만 사양할게.

10 **melt** [mélt] v. 녹이다, 녹다 n. 용해

A It's spring already.

벌써 봄이야.

B Yeah, you're right. The ice melted.

응, 네 말이 맞아. 얼음도 녹았어.

11 **menu** [ménjuː, méinjuː] n. 식단표

A I'd like to check the menu.

난 식단을 확인하고 싶어.

B Okay, wait a minute.

좋아, 잠깐만 기다려.

12 **mix** [míks] v. 섞다, 혼합하다 n. 혼합(물)

A I brought some flour.

내가 밀가루를 좀 가져왔어.

B Okay, then mix it with water.

좋아, 그럼 물과 섞어.

13 **oil** [ɔ́il] v. ~에 기름을 바르다 n. 기름, 석유

A What are you doing?

너 뭐하고 있니?

B I'm oiling it.

난 그것에 기름을 바르고 있어.

14 **order** [ɔ́:rdər] v. 주문하다 n. 주문, 순서

A Can I take your order?

주문하시겠어요?

B Yes. I'd like to have some chicken sandwich.

네. 치킨 샌드위치 주세요.

15 **pound** [páund] v. 치다, 가루로 만들다 n. 파운드(화폐 단위, 무게 단위), 타격

A What do you need?

넌 뭐가 필요하니?

B I need a pound of sugar.

난 설탕 1파운드가 필요해.

16 **prepare** [pripέər] v. 준비하다

A Mr. Andrew prepares for all meetings.

Andrew 씨가 모든 회의를 준비해.

B I need to meet him.

난 그를 만나봐야 겠어.

17 **restaurant** [réstərənt, -tərà:nt] n. 식당

  A A nice Italian restaurant is over there.
좋은 이탈리안 레스토랑이 저기에 있어.

  B Let's go there.
거기에 가자.

18 **pour** [pɔ́:r] v. 붓다, 쏟다

  A Can he pour water into glass?
그는 컵에 물을 따를 수 있니?

  B Yes, he can. Don't worry.
응, 할 수 있어. 걱정하지마.

19 **serve** [sə́:rv] v. 시중들다, 섬기다, 봉사하다

  A Who is the server?
누가 근무자이니?

  B She will serve you.
그녀가 당신을 시중들 거야.

20 **dish** [díʃ] n. 접시

  A I washed the dishes.
나 설거지 했어.

  B Good job.
잘했어.

Lesson 4
Housing

|주택

01 **address** [ədrés, ǽdres] v. 연설하다 n. 주소, 연설

A Cathy addressed in front of many people.

Cathy는 많은 사람들 앞에서 연설을 했어.

B She is amazing.

그녀는 놀랍구나.

02 **apartment** [əpáːrtmənt] n. 아파트

A Our apartment is surrounded with the trees.

우리 아파트는 나무들로 둘러싸여 있어.

B Maybe the air around your house is fresh.

아마도 너희 집 근처의 공기는 시원하겠구나.

03 **around** [əráund] prep. ~의 주위에

A Is there a theater around your house?

너희 집 근처에 극장이 있니?

B Yes, there is.

응, 있어.

04 **build** [bíld] v. (건물 등을) 짓다

A What's your hobby?

넌 취미가 뭐니?

B My hobby is building a model airplane.

내 취미는 모형 비행기 만들기야.

05 **corner** [kɔ́ːrnər] n. 모퉁이, 모서리

A Where is the hospital?
병원은 어디에 있니?

B Go straight and turn left at the corner.
똑바로 가, 그리고 저 모퉁이에서 좌회전 해.

06 **condition** [kəndíʃən] n. 상태, 조건

A How are you?
잘 지내?

B Fine, I'm in a good condition.
좋아, 난 좋은 상태야.

07 **floor** [flɔ́ːr] n. 바닥, 층

A Where is the front desk?
안내 데스크는 어디에 있니?

B You can find it on the third floor.
넌 3층에서 찾을 수 있을 거야.

08 **front** [frʌ́nt] n. 앞, 정면

A Where is the trash can?
쓰레기통은 어디에 있니?

B It's in front of the window.
창문 앞에 있어.

09 **furniture** [fə́:rnitʃər] n. 가구

A What does he do?
그는 직업이 뭐니?

B He works at the furniture company.
그는 가구 회사에서 일해.

10 **garage** [gərá:ʒ, -rá:dʒ] n. (자동차) 차고

A Your garage is empty.
너희 차고는 비어 있구나.

B My father sold his car last month.
우리 아버지는 지난달에 차를 팔아 버리셨거든.

11 **pole** [póul] v. 막대기로 바치다 n. 막대기, 극

A I need a pole to take it out.
난 그것을 꺼내기 위해 막대기가 필요해.

B Let's look for it.
찾아보자.

12 **outside** [àutsáid] prep. ~의 바깥쪽에 a. 외부의 n. 외면, 외부

A Where is my cat?
내 고양이가 어디에 있지?

B It's outside.
바깥쪽에 있어.

13 move [múːv] v. 움직이다, 이사하다

A When did you move in here?

넌 언제 여기로 이사 왔어?

B About three weeks ago.

약 3주 전에.

14 yard [jɑ́ːrd] n. 마당, 뜰

A They play in the yard.

그들은 마당에서 놀고 있어.

B Let's go out and play together.

나가서 같이 놀자.

15 neighbor [néibər] v. 인접하다, 서로 이웃하다 a. 이웃의 n. 이웃 (사람)

A People tend not to know neighbors these days.

요즘엔 사람들이 이웃을 잘 모르는 경향이 있어.

B You're right. That's a pity.

맞아. 가여운 일이지.

16 fix [fíks] v. 고치다, 고정시키다

A My MP3 player doesn't work.

내 MP3가 고장 났어.

B Don't worry. I can fix it.

걱정 마. 내가 고칠 수 있어.

17 rent [rént] v. 임대하다, 세놓다 n. 집세

A Have you ever rented a car before?

너 차 렌트 해본 적 있니?

B No, I haven't.

아니, 없어.

18 repair [ripέər] v. 수리하다 n. 수리, 회복

A Where is the nearest repair shop around here?

이 근처에서 가장 가까운 정비소가 어디죠?

B It's over there, about ten minutes by car.

저 위에 있어요, 차로 약 10분 정도 거리예요.

19 roof [rú:f, rúf] n. 지붕

A What color is the roof of your house?

너희 집 지붕 색깔은 뭐니?

B It's red.

빨간색이야.

20 wall [wɔ́:l] n. 벽

A I'll hang a picture on the wall.

난 벽에 그림을 걸 거야.

B That's a good idea.

좋은 생각이야.

A 다음 단어의 한글 뜻을 적으시오.

1 style _________________ 2 seafood _________________

3 restaurant _________________ 4 roof _________________

5 melt _________________

B 다음 뜻과 단어를 바르게 연결하시오.

6 접시 •   • move

7 신선한 •   • delicious

8 바지 •   • trousers

9 맛있는 •   • fresh

10 이사하다 •   • dish

C 다음 밑줄 그은 뜻과 반대되는 단어를 고르시오.

11 **This dress is so expensive.**

a. loose   b. cool   c. cheap   d. pay

12 **Girls like looking <u>thin</u>.**

a. thick   b. flour   c. fry   d. prepare

D 다음 밑줄 그은 뜻과 일치하는 단어를 고르시오.

salt   address   neighbor

13 "이웃에게 떡 좀 돌리고 오렴."   ______________

14 "너무 짠데! 소금이 너무 많이 들어간 것 같아."   ______________

15 "너희 집 주소가 어떻게 돼?"   ______________

Part 4
Daily Life
[일상생활]
ime 시간 | Activities 활동 | Special Day 특별한 날 | Shopping 쇼핑

Time

| 시간

01 ago [əgóu] ad. (지금부터) ~전에

A When did you meet Tom?
언제 Tom을 만났어?

B I met him three days ago.
난 그를 3일 전에 만났어.

02 always [ɔ́:lweiz, -wiz] ad. 항상, 언제나

A I always eat cereals for breakfast.
난 항상 아침으로 시리얼을 먹어.

B Having breakfast is good for your health.
아침을 먹는 것은 너의 건강에 좋지.

03 daily [déili] ad. 매일 a. 매일의

A What are your hours?
너희 영업시간이 어떻게 되니?

B We open 9:00 a.m. to 8:00 p.m. daily.
우리는 매일 오전 9시부터 오후 8시까지 영업해.

04 date [déit] v. 날짜를 기입하다, ~와 데이트 하다 n. 날짜, 데이트

A What's the date of your birth?
너의 생일은 언제니?

B It's March 3rd.
3월 3일이야.

05 final [fáinl] a. 마지막의 n. 결승전

A You have the final test tomorrow.
너는 내일 기말고사가 있어.

B I'll get a good grade.
난 좋은 성적을 받을 거야.

06 modern [mádərn] a. 현대의

A Do you know Mr. William?
넌 William을 알고 있니?

B Of course, I do. He is one of th modern poets.
물론이지. 그는 현대 시인들 중 한명이잖아.

07 moment [móumənt] n. 순간, 시기

A Are you ready?
준비됐니?

B Wait a moment.
잠깐만 기다려.

08 next [nékst] a. 다음의, 바로 옆의 ad. 다음에, 이번에

A Have a nice weekend.
좋은 주말 보내.

B See you next week.
다음 주에 보자.

09 **period** [píəriəd] n. 기간, 시대

A My grandfather died in 1950.

우리 할아버지는 1950년에 돌아가셨어.

B Many people died in that period because of the war.

그 시대에는 전쟁 때문에 많은 사람들이 죽었지.

10 **midnight** [mídnàit] n. 한밤중, 자정

A What did you do at midnight?

자정에 뭐했니?

B I slept an that time.

난 그 때 자고 있었어.

11 **o'clock** [əklák] ad. ~시(정각)

A What time is it?

몇 시니?

B It's 5 o'clock.

5시 정각이야.

12 **regular** [régjulər] a. 규칙적인, 보통의

A You need a regular exercise.

넌 규칙적인 운동이 필요해.

B That's right.

맞아.

13 finish [fíniʃ] v. 끝내다, 완성하다 n. 끝, 마지막

A I didn't do my homework.

전 숙제를 하지 못했어요.

B Finish your homework after this class.

이 수업이 끝나고 숙제를 끝마치렴.

14 past [pæst, pɑ:st] n. 과거 a. 지나간 ad. (시간적으로)~을 지나서

A I haven't seen him in the past two months.

지난 두 달 간 그를 못 봤어.

B Why don't you contact him?

그에게 연락해보지 그래?

15 present [préznt, prizént] v. 제공하다, 제출하다 a. 출석하고 있는, 현재의 n. 현재, 선물

A I am satisfied with my present life.

나는 현재 생활에 만족하고 있어.

B That's great.

잘 됐네.

16 future [fjú:tʃər] a. 미래의, 장래의 n. 미래, 장래

A Julie is really good at math.

Julie는 정말 수학을 잘해.

B She will be a math teacher in the future.

그녀는 장래에 수학 선생님이 될 거야.

17 someday [sʌ́mdèi] ad. 언젠가

A **I hope I will meet you someday.**

난 너를 언젠가 만나기를 원해.

B **I hope so.**

나도 그러길 빌어.

18 sometimes [sʌ́mtàimz] ad. 때때로, 가끔씩

A **Sometimes he bothers me.**

가끔씩 그는 나를 괴롭혀.

B **But he is younger than you. Please understand him.**

그렇지만 그는 너보다 어리잖아. 그를 이해해줘.

19 time [táim] n. (몇) 회, (몇) 번

A **How often do you go swimming?**

넌 얼마나 자주 수영하러 가니?

B **Four times a week.**

일주일에 4번 가.

20 until [əntíl, ʌn-] prep. ~까지 conj. ~때까지

A **How long does it last?**

그것은 언제까지 지속되니?

B **It last until tomorrow.**

그것은 내일까지 계속돼.

Activities

| 활동

01 **action** [ǽkʃən]　n. 행동, 활동

A Both his word and action can be trustworthy.

그의 말과 행동 모두 믿을만 해요.

B That's the reason why I like him.

그게 제가 그를 좋아하는 이유에요.

02 **busy** [bízi]　a. 바쁜, 분주한

A Are you calling him?

너 그에게 전화하고 있니?

B Yes, I am. But the line is busy.

응, 그런데 통화중이야.

03 **common** [kámən]　a. 공통의, 보통의, 흔한

A I'm trying to find something in common between us.

난 우리 사이의 공통점을 찾으려고 노력 중이야.

B I already found it. We like English.

난 벌써 찾았어. 우린 영어를 좋아하잖아.

04 **consider** [kənsídər]　v. 고려하다, ~이라고 생각하다

A How is the work going.

그 일은 어떻게 되어가고 있니?

B We are considering if we have to redesign it or not.

우리는 그것을 다시 디자인해야 할지 말아야 할지 고려중이야.

05 decide [disáid] v. 결정하다, 결심하다

A Did you make up your mind?
너 결정했니?

B I decided **to choose this book.**
난 이 책을 고르기로 결정했어.

06 diary [dáiəri] n. 일기, 일기장

A What were you doing when I called you yesterday?
내가 어제 전화했을 때 뭐하고 있었니?

B I was writing a diary.
난 일기를 쓰고 있었어.

07 dream [drí:m] v. 꿈꾸다 n. 꿈

A It's time to go to bed.
잠 잘 시간이야.

B Have a nice dream.
좋은 꿈 꿔.

08 greet [grí:t] v. 인사하다

A I didn't greet **him yet.**
난 아직 그에게 인사를 못했어.

B You'll have a chance to greet **him soon.**
곧 그에게 인사할 기회가 있을 거야.

09 **happen** [hǽpən] v. (사건이나 일이) 일어나다, 발생하다

A What happened?

무슨 일이야?

B I lost my wallet.

나 지갑을 잃어버렸어.

10 **hurry** [hə́ːri] v. 서두르다 n. 서두름

A Didn't you have much time?

시간이 많지 않았지?

B No, I didn't. So I finished it in a hurry.

응, 그래서 난 서둘러서 그것을 끝마쳤지.

11 **invite** [inváit] v. 초대하다

A I'll invite him to my birthday party.

난 그를 내 생일 파티에 초대할 거야.

B He'll be glad to hear that.

그 이야기를 들으면 그가 기뻐할 거야.

12 **imagine** [imǽdʒin] v. 상상하다, 추측하다

A I couldn't imagine meeting you here.

여기서 너를 만나리라고는 상상 못했어.

B So did I.

나도 그랬어.

13 **leave** [líːv] v. 떠나다, 남기다

A When does the train leave?

기차가 언제 떠나나요?

B It leaves at 2:30.

그것은 2시 30분에 떠나요.

14 **lend** [lénd] v. 빌려 주다

A My bicycle was broken yesterday.

내 자전거는 어제 고장 났어.

B I can lend you mine.

너에게 내 것을 빌려 줄 수 있어.

15 **lie** [lái] v. 눕다, 거짓말하다 n. 거짓말

A Don't tell a lie.

거짓말 하지 마.

B It's true. I didn't do anything.

진실이야. 난 아무것도 하지 않았어.

16 **memory** [méməri] n. 회상, 추억

A Do you have any good memory for your childhood?

넌 어린 시절의 좋은 추억이 있니?

B Yes, I do. I have a memory of the picnic.

응, 난 소풍 갔던 추억이 있어.

17 pick [pík] v. 골라잡다, 찌르다, 뜨다

A Just pick anything you want.

네가 원하는 것 어느 것이든지 골라 봐.

B Are you serious?

정말이야?

18 reach [rí:tʃ] v. ~에 도달하다, ~에 이르다, 손, 발을 뻗다

A Can you reach up to the ceiling?

너 천장에 까지 닿을 수 있어?

B No, I can't. I'm not tall enough to reach there.

아니, 난 거기에 닿을 만큼 충분히 키가 크지 않아.

19 schedule [skédʒu(:)l] v. ~을 예정하다, 표를 작성하다 n. 예정(표), 스케줄

A Brad Pitt is scheduled to arrive at the airport at noon.

Brad Pitt는 정오에 공항에 도착하기로 예정되어 있어요.

B Then I'll pick him up.

그럼 제가 그를 데리러 갈게요.

20 suppose [səpóuz] v. 가정하다, 추측하다

A Let us suppose that you're writer.

네가 작가라고 가정해보자.

B Then I'm going to write a great novel.

그러면 나는 훌륭한 소설을 쓸 거야.

Special Day

| 특별한 날

01 **anniversary** [æ̀nəvə́ːrsəri] a. 기념일의, 해마다의 n. 기념일

A Today is my wedding anniversary.

오늘이 나의 결혼기념일이야.

B Congratulations!

축하해!

02 **card** [káːrd] n. 카드, 엽서

A I'll send you an invitation card.

내가 너에게 초대장을 줄게.

B Okay, send me it by e-mail.

좋아, 이메일로 보내.

03 **ceremony** [sérəmòuni] n. 의식, 예의

A I won the first prize.

나 일등 했어.

B I know. I saw you at the awards ceremony.

알고 있어, 시상식에서 너를 봤어.

04 **decorate** [dékərèit] v. 장식하다

A What a beautiful cake it is!

예쁜 케이크이구나!

B I decorated it myself.

내가 직접 장식했어.

05 **engagement** [ingéidʒmənt, en-] n. 약속, 계약, 약혼

A Where are you going?

너 어디 가니?

B I'm going to May restaurant for an engagement.

난 약속이 있어서 May레스토랑에 가고 있어.

06 **firework** [fáiərwə̀:rk] n. 불꽃놀이

A It was the beautiful firework.

예쁜 불꽃놀이였어.

B Yes, it really was.

응, 정말 그랬어.

07 **gift** [gíft] n. 선물, 재능

A I bought a gift for my dad.

아빠 선물을 샀어.

B Is it his birthday or a special day?

아빠 생신이나 어떤 특별한 날이니?

08 **graduation** [græ̀dʒuéiʃən] n. 졸업(식)

A How long have you worked here?

넌 여기에서 얼마나 일했니?

B I've worked here for two years since my graduation.

졸업 후에 2년 동안 일해오고 있어.

09 Halloween [hæ̀louíːn, -əwíːn, hɑ̀l-] n. 핼러윈 데이

A A pumpkin is one of symbols of Halloween.

호박은 핼러윈 데이의 상징 중 하나야.

B 'Trick or treat' is another one.

'Trick or Treat' 은 또 다른 하나의 상징이지.

10 holiday [hɑ́lədèi] v. 휴가를 보내다 a. 휴일의 n. 휴가, 휴일

A What did you do during holidays?

넌 휴일 동안 무엇을 했니?

B I went to my uncle.

난 삼촌댁에 방문했었어.

11 independence [ìndipéndəns] n. 독립, 자주

A When is the Independence Day of America?

미국의 독립기념일은 언제야?

B It's on July 4th.

7월 4일이야.

12 light [láit] v. 밝게 하다, 비추다 a. 가벼운 n. 빛

A It's too dark here.

여긴 너무 어둡다.

B I'll light on you by this lantern.

내가 손전등으로 너에게 불을 비추어 줄게.

13 **memorial** [məmɔ́ːriəl] a. 기념의 n. 기념물

A What are these?

이것들은 무엇이니?

B They are war memorials.

그것들은 전쟁기념물들이야.

14 **New Year's Day** n. 새해 첫날, 설날

A What day was the New Year's Day this year?

올해의 설날은 무슨 요일이었니?

B It was Thursday.

목요일이었어.

15 **parade** [pəréid] v. (줄을 지어) 행진하다, 열병하다 n. 행렬

A People couldn't take their eyes off the parade.

사람들은 그 행렬에서 눈을 떼지 못했어.

B I heard about that.

나도 들었어.

16 **party** [páːrti] n. (사교상의) 모임, 파티 a. 파티의

A Why are you so busy recently?

너 요즘 왜 그렇게 바쁘니?

B I'm preparing the graduation party.

난 졸업 파티를 준비 중이거든.

17 plan [plǽn] v. 계획하다, 설계하다 n. 계획

A My family is planning to go abroad for travel this summer.
우리 가족은 이번 여름에 해외 여행을 갈 계획이야.

B It'll be great.
재미있겠는 걸.

18 Thanksgiving day n. 추수감사절, 추석

A What are you going to do in Thanksgiving day?
추수감사절에 무엇을 할 거니?

B I will visit my grand mother.
난 할머니댁에 방문할 거야.

19 Valentine's day n. 밸런타인데이

A Are you going to meet Tom on Valentine's day?
너 밸런타인데이에 Tom을 만날 거니?

B Yes, I am. I bought some chocolate for him.
응, 그에게 줄 초콜릿도 좀 샀어.

20 wedding [wédiŋ] a. 결혼의 n. 결혼식

A Do you have any plans this week?
이번 주말에 계획 있니?

B I'm going to go my friend's wedding.
난 친구의 결혼식에 갈 거야.

Shopping

| 쇼핑

01 **another** [ənʌ́ðər] a. 또 하나의, 다른 pron. 또 하나의 것

A Do you have another size?
다른 치수가 있나요?

B Yes, I do. Try this on.
네, 있어요. 이것을 입어 보세요.

02 **bookstore** [búkstɔ̀ːr] n. 서점

A What did you buy at the bookstore?
서점에서 뭐 샀어?

B I bought a magazine.
잡지 하나 샀어.

03 **brand** [brǽnd] v. ~에 소인을 찍다 n. 상표, 상품의 이름

A He introduced his new brand.
그는 그의 새로운 상표를 소개했어.

B I heard that, Its name is 'Value'.
들었어. 그것의 이름이 'Value' 야.

04 **card** [kάːrd] n. 카드, 엽서

A Can I pay it by a credit card?
신용카드로 계산할 수 있을까요?

B Sure, you can.
물론이죠.

05 **cash** [kǽʃ] v. 현금으로 바꾸다 n. 현금, 돈

A Don't you have any cash except for credit card?

신용카드 말고 현금은 없어?

B Yes, I have some cash in my wallet.

응, 지갑에 현금이 조금 있어.

06 **clerk** [klə́ːrk] n. 점원

A The clerk recommended this bag.

그 점원이 이 가방을 추천해 주었어.

B Wow, It's very nice.

우와, 매우 멋지다.

07 **cost** [kɔ́ːst, kást] v. 비용이 들다 n. 원가, 비용

A How much does it cost to get in?

입장하는데 비용이 얼마나 드나요?

B It's five dollars for adults.

성인은 5달러입니다.

08 **deliver** [dilívər] v. 배달하다, (의견을) 말하다

A I think you delivered it at the wrong address.

내 생각에 당신은 배달을 잘못한 것 같아요.

B Oops! I'm sorry.

어머! 죄송합니다.

09 **department** [dipá:rtmənt] n. 부서, 과, 학부

A Who is he?
그는 누구니?

B He's a new employee in the marketing department.
그는 마케팅 부서에 새로 온 사원이야.

10 **dollar** [dálər] n. 달러(화폐단위)

A I'll take three of them.
난 이것으로 3개 살게.

B They'll be total six dollars.
총 6달러야.

11 **else** [éls] ad. 그 외에는, 그 밖에는

A I have glue and paper. What else do I need?
난 풀과 종이가 있어, 그 밖에 뭐가 필요하지?

B You need scissors.
넌 가위가 필요해.

12 **check** [tʃék] n. 수표, 청구서, 계산서 v. 조사하다

A The total is 120 dollar.
전부 120달러입니다.

B I'll pay by check.
수표로 계산할게요.

13 pay [péi] v. 지불하다

A Do you want to pay for it by credit card or cash?

너는 그것을 카드로 지불할 거니 현금으로 지불할 거니?

B I want to pay for it by credit card.

난 카드로 지불할 게.

14 price [práis] v. ~에 값을 매기다 n. 가격, 물가

A Why do you select that company?

너는 왜 그 회사를 선택했니?

B Because they offer us the items in a low price.

왜냐하면 그들은 싼 가격으로 제품들을 제공해 주거든.

15 product [prɑ́dʌkt, -dəkt] n. 생산품, 생성물

A This product is made of metals.

이 상품은 금속으로 만들어 진거야.

B It looks durable.

튼튼해 보이는 구나.

16 sale [séil] n. 판매, 매매

A Does he work in the R&D department?

그는 연구 개발팀에서 일하니?

B No, he isn't. He works in the sales department.

아니, 그는 영업부서에서 일해.

17 **shape** [ʃéip] v. 구체화하다 n. 모습, 차림

A Look at that jacket.

저 재킷을 봐.

B It looks in good shape.

좋아 보이는 걸.

18 **spend** [spénd] v. (시간이나 돈을) 쓰다, 보내다

A What did you do last weekend?

지난 주말에 뭐했니?

B I spent my whole weekend on shopping.

난 쇼핑하면서 주말을 다 보냈어.

19 **supermarket** [sú:pərmà:rkit] n. 슈퍼마켓

A Where are you going?

넌 어디에 가고 있니?

B I'm going to a supermarket.

난 슈퍼마켓에 가고 있어.

20 **wrap** [rǽp] v. 싸다, 두르다 n. 외피

A Can you wrap it?

그것을 포장해 줄래?

B Sure. Please give it to me.

물론이지. 그것을 나에게 줘보렴.

A 다음 단어의 한글 뜻을 적으시오.

1 always _______________   2 imagine _______________

3 decorate _______________   4 cash _______________

5 price _______________

B 다음 뜻과 단어를 바르게 연결하시오.

6 결혼식 •   • until

7 인사하다 •   • price

8 ~까지 •   • wedding

9 가격 •   • greet

10 가치 •   • brand

C 다음 밑줄 그은 뜻과 비슷한 단어를 고르시오.

11 Because today is my father's birthday, I bought a present.

a. parade   b. gift   c. engagement   d. dream

D 다음 밑줄 그은 뜻과 반대되는 단어를 고르시오.

12 The glory is past.

a. moment   b. final   c. times   d. future

E 다음 밑줄 그은 뜻과 일치하는 단어를 고르시오.

holiday   finish   invite

13 "파티에 누구를 초대할까?"   _______________

14 "이번 휴일에는 꼭 자야겠어."   _______________

15 "드디어 숙제를 다 끝냈어."   _______________

Health&Hobbies

[건강과 취미]

Health

| 건강

01 ache [éik] v. 아프다, 쑤시다 n. 아픔

A I suffer from an ache in my chest.
가슴이 아파요.

B You had better see a doctor.
의사를 만나 보는 게 좋겠어요.

02 blood [blʌ́d] n. 피, 혈액

A My blood type is B, How about you?
내 혈액형은 B형이야, 넌 어때?

B Mine is B, too.
나도 B형이야.

03 checkup [tʃékʌ̀p] n. 건강진단, 대조, 점검, 정밀검사

A I missed the checkup this time.
나 이번에 건강진단을 못했어.

B Don't miss it again. You have to get checkup regularly.
다시는 놓치지 마. 넌 건강진단을 정기적으로 받아야 해.

04 cough [kɔːf, kɑ́f] v. (헛)기침을 하다 n. 기침

A I have a cough.
나 기침을 해.

B Did you take a medicine?
약은 먹었니?

05 **dangerous** [déindʒərəs] a. 위험한

A I want to swim in that river.

난 저 강에서 수영을 하고 싶어.

B But swimming there is very dangerous.

그렇지만 거기에서 수영하는 건 위험해.

06 **diet** [dáiət] n. 일상의 음식물, 규정식

A I am on a diet.

나는 지금 다이어트 중이다.

B I think you don't need to.

그럴 필요는 없는 것 같은데.

07 **disease** [dizí:z] v. 병들게 하다 n. 질병

A What happened to this plant.

이 식물에는 무슨 일이 생긴 거니?

B It's dying because of disease.

그것은 질병 때문에 죽어가고 있어.

08 **drug** [drʌg] v. ~에 약품을 섞다 n. 약, 마약

A The drug is good for headache.

이 약은 두통에 잘 듣는다.

B But too many drugs can harm your health.

하지만 너무 많이 먹으면 건강을 해칠 수 있어.

09 **fever** [fíːvər] v. 발열시키다 n. 열, 열병

A I have a fever.

나 열이 나.

B You'd better go to see a doctor.

너는 병원에 가봐야 겠어.

10 **headache** [hédèik] n. 두통

A What's the matter with her?

그녀에게 무슨 일이 있는 거니?

B She has a headache.

그녀는 두통이 있대.

11 **health** [hélθ] n. 건강

A I don't like onions.

난 양파가 싫어.

B But you have to eat them. They are good for your health.

그렇지만 넌 그것들을 먹어야 해. 그것들은 너의 건강에 좋거든.

12 **hurt** [həːrt] v. 다치게 하다, 고통을 주다, 아프다 n. 부상

A Did you hurt?

너 다쳤니?

B Yes, I did. My foot hurts.

응, 난 발을 다쳤어.

13 **medicine** [médəsin] n. 약

A How often should you take this medicine.

넌 이 약을 얼마나 자주 먹어야 하니?

B I should take this medicine three times a day.

난 이 약을 하루에 세 번 먹어야 해.

14 **pain** [péin] v. ~에 고통을 주다, 아프다 n. 아픔, 고통

A I have a pain on my hand.

난 손이 아파.

B Take this medicine. It'll be helpful for your pain.

이 약을 먹어. 그것은 너의 통증에 도움이 될 거야.

15 **patient** [péiʃənt] a. 인내심이 강한, 근면한 n. 환자

A Who's calling?

누구세요?

B I'm one of his patient.

전 그의 환자 중의 한 명입니다.

16 **recover** [rikʌ́vər] v. 회복하다, 원상태로 복구되다

A He recovered from an illness.

그는 건강을 회복했어.

B It's like a miracle.

기적 같은 일이구나.

17 sore [sɔ́ːr] a. 아픈, 슬픔에 잠긴

A I have a sore throat.

난 목이 아파.

B Save your voice.

말을 좀 아끼렴.

18 spread [spréd] v. 펼치다, 퍼지다 n. 퍼짐

A It can be spread by wind.

그것은 바람에 의해 퍼질 수 있어.

B Oh, that's the reason we can see it everywhere.

오, 그것이 도처에서 우리가 그것을 볼 수 있는 이유구나.

19 treat [tríːt] v. 대접하다, 치료하다, 언급하다 n. 한 턱 냄

A I don't have enough money.

난 돈이 넉넉하지 않아.

B Don't worry. It's my treat.

걱정 마. 이건 내가 낼게.

20 worse [wə́ːrs] a. 보다 나쁜 ad. 더욱 심하게

A How is she?

그녀는 어때?

B She is getting worse.

그녀는 더욱 심해지고 있어.

Lesson 2
Sports

운동

01 **cheer** [tʃíər] v. 격려하다, 응원하다 n. 격려, 환호

A I got a bad score at English test.

나 영어 시험에서 나쁜 성적을 받았어.

B Cheer up! You'll do better next time.

힘내! 다음번엔 더 잘할 수 있을 거야.

02 **climb** [kláim] v. 오르다, 등반하다 n. 오름, 탑승

A What do you do in your free time?

자유 시간엔 무얼 하니?

B I climb a mountain.

등산을 해.

03 **club** [klʌb] v. 협력하다, 클럽을 조직하다 n. 클럽

A Which club do you have in your mind?

넌 어떤 클럽에 가입할 생각이야?

B I'm going to join the reading club.

난 독서 클럽에 가입할 거야.

04 **coach** [kóutʃ] v. 지도하다 n. (운동의) 코치

A Who is he?

그는 누구이니?

B He is a new coach of our team.

그는 우리 팀의 새로운 코치야.

05 **collect** [kəlékt] v. 모으다, 수집하다

A **What's your hobby?**
넌 취미가 뭐니?

B **My hobby is collecting stamps.**
내 취미는 우표 모으기야.

06 **contest** [kántest] v. 경쟁하다 n. 경연

A **Are you practicing for the contest.**
넌 그 경연대회 연습 중이니?

B **Yes, I am. I still need more practice.**
응, 난 아직도 더 많은 연습이 필요해.

07 **court** [kɔ́ːrt] n. 경기장, 법원

A **The final match will be in the second court.**
결승전은 두 번째 경기장에서 있을 거야.

B **Let's go there right now.**
지금 당장 거기에 가자.

08 **describe** [diskráib] v. 묘사하다

A **Can you describe this picture.**
너는 이 그림을 묘사해 볼 수 있겠니?

B **Yes, I can.**
응, 할 수 있어.

09 **exercise** [éksərsàiz] v. 운동하다, 연습하다 n. 운동

A When do you usually exercise?
너는 보통 언제 운동하니?

B I usually exercise after school.
난 보통 방과 후에 운동을 해.

10 **fair** [fέər] a. 공정한, 맑게 갠

A Cindy got one more candy than the others.
Cindy는 다른 사람들보다 사탕 한 개를 더 받았어.

B It's not fair.
불공평해.

11 **favorite** [féivərit] a. 가장 좋아하는

A What's your favorite subject?
네가 가장 좋아하는 과목이 무엇이니?

B My favorite subject is English.
영어를 가장 좋아해.

12 **football** [fútbɔːl] n. 미식축구

A Let's play football today.
오늘 축구하자.

B Sounds great.
좋은 생각이야.

13 group [grúːp] v. 불러 모으다 n. 단체, 집단

A Divide into two groups.

두 그룹으로 나누어 봐.

B By rock-paper-scissors?

가위 바위 보로 할까?

14 lose [lúːz] v. 잃다, 지다

A Why did he lose the match?

그가 왜 시합에서 졌니?

B He was too nervous.

그는 너무 긴장했어.

15 match [mǽtʃ] v. ~에 필적하다, 어울리다 n. 경쟁 상대, 시합

A I can't wait for the final match.

난 그 결승전을 빨리 보고 싶어.

B Hey, be patient.

이봐, 인내심을 가지렴.

16 meeting [míːtiŋ] n. 모임, 회의

A What time do you have a meeting?

넌 몇 시에 회의가 있니?

B At two thirty.

2시 30분에 있어.

17 rest [rést] v. 휴식하다 n. 휴식

A I'm so tired.
난 너무 피곤해.

B Have a seat and take a rest.
앉아서 좀 쉬렴.

18 score [skɔ́:r] v. 득점하다 n. 점수

A My average score is 98.
나의 평균 점수는 98점이야.

B You did very well.
참 잘했구나.

19 ski [skí:] v. 스키를 타다 n. 스키

A We're going to go skiing. Will you join us?
우리는 스키 타러 갈 거야. 같이 갈래?

B I'd love to, but I can't. I'm busy.
그러고 싶지만 안 되겠어. 난 바빠.

20 wind [wínd] v. 바람을 통하다 n. 바람

A If the wind direction changes, the fire won't be able to spread any more.
만약에 풍향이 바뀐다면 불은 더 이상 번지지 못할 거야.

B I hope it will change soon. 풍향이 곧 바뀌길 바라.

Traveling

| 여행

01 **airport** [ɛ́ərpɔ̀ːrt] n. 공항

A Excuse me. Does this bus go to the airport?

실례지만 이 버스 공항까지 가나요?

B Yes, it does. Get in.

네, 타세요.

02 **arrive** [əráiv] v. ~에 도착하다, 도달하다

A When will you arrive at the station?

넌 언제 기차역에 도착할거니?

B I'll be right there soon.

난 곧 도착할거야.

03 **camp** [kǽmp] v. 야영하다 n. 캠프장

A There is no notice about the camp site.

야영지에 대한 안내가 없어.

B I'll let you know it tomorrow.

내일 알려줄게.

04 **danger** [déindʒər] n. 위험

A Many animals are in danger today.

오늘날 많은 동물들이 위험에 처해 있어.

B We are responsible for that in some parts.

우리는 어떤 부분에서는 그것에 대한 책임이 있어.

05 **desert** [dézərt] a. 사막의 n. 사막

A have you ever been in the desert before?

넌 사막에 가 본 적 있니?

B No, I haven't. But I want to go someday.

아니, 그렇지만 언젠가 가고 싶어.

06 **distance** [dístəns] n. 거리, 간격, 원거리

A Is the distance short enough to walk?

걸어가도 될 만큼 가까운 거리인가요?

B No, it isn't. You need to take a bus.

아뇨, 버스를 타야 해요.

07 **far** [fá:r] ad. 멀리 a. 먼

A Is the library far from here?

도서관이 여기에서 멀리 있니?

B No, it isn't. It's nearby here.

아니, 여기 근처에 있어.

08 **fasten** [fǽsn] v. 고정시키다, 묶다, 죄다

A Fasten your seat belt, please.

안전벨트를 매.

B Okay.

알았어.

09 fly [flái] v. 날다, 날리다

A Can you fly a kite?

너 연 날릴 수 있니?

B Yes, I can fly a kite.

응, 난 연을 날릴 수 있어.

10 foreign [fɔ́:rən, fá-] a. 외국의

A Learning foreign language is difficult.

외국어를 배우는 것은 어려워.

B You're right. But it's fascinating at the same time.

네 말이 맞아. 그렇지만 동시에 매력적이지.

11 funny [fʌ́ni] a. 우스운, 재미있는

A 'Gag Concert' is my favorite TV program.

'개그 콘서트' 는 내가 가장 좋아하는 TV 프로그램이야.

B I like that, too. It's very funny.

나도 그것을 좋아해. 매우 재미있지.

12 passport [pǽspɔ̀:rt, pá:s-] n. 여권

A I lost my passport.

여권을 잃어 버렸어요.

B You have to contact an embassy immediately.

즉시 대사관에 연락해야 해요.

13 **plane** [pléin] n. 비행기

A I have to arrive there by 2 o'clock.

난 2시까지 거기에 도착해야해.

B The best way is by plane, I think.

내 생각에는 비행 편으로 가는 게 가장 좋을 것 같아.

14 **return** [ritə́ːrn] v. 되돌아가다, 반환하다 n. 반환, 순환

A Can I return it later?

나중에 그것을 반환할 수 있니?

B Sure, you can. But keep the receipt.

물론 할 수 있지. 그렇지만 영수증은 보관해.

15 **sail** [séil] v. 항해하다 n. 배의 돛

A How about going sailing to the Pacific?

태평양으로 항해하러 가는 건 어때?

B Sounds fantastic.

좋은 생각이야.

16 **ticket** [tíkit] n. 표, 입장권

A I want two tickets.

난 표 두 장을 원해.

B Here you are.

여기 있어.

17 **tour** [túər] v. 여행하다 n. 관광 여행

A Where can I take the tour bus?
관광버스는 어디에서 타야하니?

B You can wait over there.
저기에서 기다리면 돼.

18 **travel** [trǽvəl] v. 여행하다 n. 여행

A Traveling all around the world is my dream.
세계 여행을 하는 게 내 꿈이야.

B Your dream will come true someday.
언젠가 너의 꿈은 이루어 질 거야.

19 **trip** [tríp] n. (짧은) 여행

A Hello, This is Jane. Is Bob there?
여보세요, Jane인데 Bob있니?

B No, he is not, He's on trip.
아니, 그는 여행 중이야.

20 **vacation** [veikéiʃən, və-] n. 휴가, 계획

A I'll visit my friend who lives in Australia this summer vacation.
이번 여름 방학 때 호주에 있는 친구를 방문할 계획이야.

B I'll go to Je-ju island this summer vacation.
난 이번 여름 방학 때 제주도에 갈 거야.

Hobbies

| 취미

01 **build** [bíld] v. 건축하다, 세우다

A I like building some models.

난 모형 만드는 것을 좋아해.

B I think it's helpful for improving your concentrating.

내 생각에 그것은 너의 집중력을 향상시키는 데 도움이 될 것 같아.

02 **collect** [kəlékt] v. 모으다, 수집하다

A What's your hobby?

넌 취미가 뭐니?

B My hobby is collecting shoes.

내 취미는 신발 모으기야.

03 **craft** [kræft, krάːft] n. 기술, 재주, 직업, 항공기

A Are you interested in art and crafts?

넌 미술과 공예에 관심이 있니?

B Yes, I am. I want to be an artist in the future.

응, 난 미래에 예술가가 될 거야.

04 **dice** [dáis] n. 주사위

A Let's play a game.

우리 게임하자.

B Then we need a dice.

그러면 우리는 주사위가 필요해.

05 doll [dάl] n. 인형

A I bought a doll for my niece.
내 조카를 위해 인형을 샀어.

B Excellent choice. Every child likes a doll.
훌륭한 선택이야. 모든 아이들은 인형을 좋아하잖아.

06 enjoy [endʒɔ́i, in-] v. 즐기다

A It's a fantastic party.
환상적인 파티야.

B Thanks. Enjoy yourself.
고마워, 맘껏 즐기렴.

07 figure [fígjər] v. 계산하다, 두각을 나타내다 n. 모습

A He is very smart.
그는 매우 똑똑해

B He always figures in the crowd.
그는 항상 군중 속에서도 두각을 나타내.

08 game [géim] v. 내기 하다 n. 놀이, 게임

A It's time for bed. Stop playing computer games.
잘 시간이야. 컴퓨터 게임 그만 하렴.

B Can I play a little more?
조금만 더 하면 안 될까?

09 jogging [dʒάgiŋ] n. 가볍게 달리기, 조깅

A I started jogging today.
난 오늘 조깅을 시작했어.

B That's great. Let's do it together.
잘 됐네, 같이 하자.

10 knit [nít] v. 뜨다, 짜다, 뜨개질하다

A My mother knitted him a sweater.
우리 어머니는 그에게 스웨터를 짜주었어.

B Not you? Why?
네가 아니라? 왜?

11 model [mάdl] v. ~의 모형을 만들다 a. 모형의 n. 모형

A I modeled my house.
난 우리 집 모형을 만들었어.

B It looks like your real house.
너의 진짜 집처럼 보이는 걸.

12 paint [péint] v. 페인트를 칠하다, 그림을 그리다 n. 물감, 페인트

A What's Jessica doing?
Jessica는 무엇을 하고 있니?

B She's painting a sign.
그녀는 표지판을 페인트칠 하고 있어.

13 photograph [fóutəgræ̀f, -grɑ̀:f] v. 사진을 찍다, 촬영하다 n. 사진

A Could you take a photograph of us?

사진 좀 찍어 줄래?

B Sure, Say cheese.

물론이지, 치즈라고 해봐!

14 play [pléi] v. 놀다, 경기를 하다, 연극을 하다, 연주하다 n. 놀이, 경기, 연극, 연주

A How was the play?

그 연극은 어땠니?

B I was very touched by that.

난 그 연극에 매우 감동 받았어.

15 read [rí:d] v. 읽다, 독서하다

A What do you like to do?

넌 무엇 하는 것을 좋아하니?

B I like reading comic books.

난 만화책 읽는 것을 좋아해.

16 skate [skéit] v. 스케이트 타다 n. 스케이트화

A I don't have my own skates.

난 스케이트화가 없어.

B Don't worry. You can rent it.

걱정 마. 넌 대여할 수 있어.

17 squash [skwɑ́ʃ, skwɔ́ːʃ] v. 짓누르다, 밀어 넣다 n. 호박, (운동)스쿼시

A The bus looks crowded.

버스가 혼잡해 보여.

B You're right. We're squashed in the bus.

네 말이 맞아. 버스는 만원이야.

18 stamp [stǽmp] n. 우표

A You have a lot of stamps.

넌 우표를 많이 가지고 있구나.

B Yeah, My hobby was collecting stamps.

응, 내 취미가 우표 모으기였거든.

19 swimming [swímiŋ] n. 수영

A Is there a swimming pool in your hotel.

너의 호텔에는 수영장이 있니?

B Yes, there is. You can use it for free.

응, 넌 그것을 공짜로 이용할 수 있어.

20 take [téik] v. 가져가다, (시간이) 걸리다, 얻다

A How long does it take from Seoul to Busan?

서울에서 부산까지 얼마나 걸리니?

B About two hours.

약 두 시간 정도.

A 다음 단어의 한글 뜻을 적으시오.

1 medicine _______________　　2 contest _______________

3 desert _______________　　4 collect _______________

5 court _______________

B 다음 뜻과 단어를 바르게 연결하시오.

6 거리 •　　• climb

7 시합, 경기 •　　• enjoy

8 아픈 •　　• distance

9 등반하다 •　　• sore

10 즐기다 •　　• match

C 다음 밑줄 그은 뜻과 일치하는 단어를 쓰시오.

dangerous	**ski**	**recover**
photograph	**travel**	

안녕, 난 민수라고 해. 난 아주 (11)위험한 병을 가지고 있어. 그렇지만 언젠가는
꼭 (12)회복할거야. 내가 병이 낫게 된다면 (13)스키도 타러가고, (14)여행도 다니
고, 친구들과 가족들과 (15)사진도 찍고 싶은 것이 내 소원이야.

11 ______________________ 12 ______________________

13 ______________________ 14 ______________________

15 ______________________

Part 6

Society&Culture

[사회와 문화]

Society

사회

01 **object** [ábdʒikt, -dʒekt] v. 반대하다 n. 물건, 대상, 목적

A Some people object against his opinion.

몇 명의 사람들이 그의 의견에 반대해.

B I heard about that.

그 얘기 들었어.

02 **agree** [əgríː] v. 동의하다

A I think we need to wear a school uniform.

난 교복을 입어야 한다고 생각해.

B I agree with you.

난 너의 의견에 동의 해.

03 **appreciate** [əpríːʃièit] v. 감사하다

A I appreciate for your help

도와줘서 고마워.

B You're welcome.

천만에.

04 **campaign** [kæmpéin] n. (사회 · 정치적) 운동, 캠페인

A What is this campaign for?

이 운동은 무엇을 위한 거니?

B It's for recycling.

재활용에 대한 거야.

05 **provide** [prəváid] v. 공급하다

A We can provide you this book for free.

이 책을 공짜로 주고 있어.

B Really? Where can I get this book?

정말? 어디서 이 책을 받을 수 있어?

06 **freedom** [frí:dəm] n. 자유

A What do you want?

넌 무얼 원하니?

B I want just freedom.

난 단지 자유를 원해.

07 **recognize** [rékəgnàiz] v. 알아보다, 인지하다

A Can you recognize him?

그를 알아보겠니?

B No, I can't.

아니.

08 **lead** [lí:d] v. 이끌다, 인도하다, 안내하다

A I'm leading this group.

내가 이 그룹을 이끌고 있어.

B You're amazing.

너 멋지구나.

09 **realize** [ríːəlàiz] v. 깨닫다, (명확히) 이해하다

A I realized that I was stupid.
내가 바보 같았다는 것을 깨달았어.

B It wasn't your fault.
너의 잘못이 아니었어.

10 **president** [prézədənt] n. 대통령

A Who was the first president of Korea?
누가 한국의 초대 대통령이었니?

B Lee seung man.
이승만 대통령.

11 **right** [ráit] n. 권리 a. 바른, 옳은 ad. 정면으로

A Everyone has the human right.
모든 사람은 인권을 가지고 있어.

B That's right.
맞아.

12 **rule** [rúːl] v. 통치하다 n. 규칙, 지배

A I make it a rule to get up early.
나는 일찍 일어나는 것을 규칙으로 하고 있다.

B How diligent you are!
너 정말 부지런 하구나!

13 include [inklú:d] v. 포함하다

A Does it include the lunch?

이건 점심도 포함되어 있니?

B Yes, it does.

응, 그래.

14 society [səsáiəti] n. 사회, 협회

A I'm in the literary society.

난 문학회 회원이야.

B Me, too.

나도 그래.

15 race [réis] v. 경주하다 n. 경주, 민족

A Jane will race against peter tonight.

오늘밤 Jane이 Peter와 경주한대.

B It'll be exciting.

재미있겠는걸.

16 system [sístəm] n. 체계

A We need a person understanding the operating system.

우리는 그 운영 체제를 이해하는 사람이 필요해.

B I'll find someone.

내가 누군가를 찾아볼게.

17   **whole** [hóul]   a. 전체의

A   You're the most beautiful girl of the whole world.

네가 전 세계에서 가장 예쁜 소녀야.

B   Thank you. But I don't believe your word.

고마워, 하지만 네 말은 안 믿어.

18   **sign** [sáin]   v. 서명하다

A   Did you sign up here?

너 여기에 서명했니?

B   No, not yet.

아니, 아직.

19   **polite** [pəláit]   a. 예의 바른, 교양 있는

A   Be polite to the old.

노인들에게 예의 바르게 행동해야 해.

B   Yes, ma'am.

네, 부인.

20   **traffic** [træfik]   n. 교통

A   Why are you late?

너 왜 늦었니?

B   Because of the traffic jam.

교통체증 때문에.

Media

| 미디어

01 **advertisement** [ædvərtáizmənt, ədvə́:rtis-] n. 광고

A This advertisement **agency is good.**
이 광고 대행사가 좋아.

B I think so.
그런 것 같아.

02 **announce** [ənáuns] v. 공표하다

A He announced **his marriage.**
그는 그의 결혼을 발표했어.

B Really? with who?
정말? 누구랑?

03 **article** [á:rtikl] n. 기사

A What's the main idea of this article?
이 기사의 주제는 무엇이니?

B Playing baseball.
야구하기.

04 **broadcasting** [brɔ́:dkæ̀stiŋ] n. 방송

A I saw you on the broadcasting **station.**
난 너를 방송국에서 보았어.

B When did you see me?
언제 나를 봤니?

05 **channel** [tʃǽnl] n. 수로, 운하, 채널, 경로

A I want to change the channel.

난 채널을 돌리고 싶은데.

B Wait a minute, Just watch this TV show.

잠깐만, 이 TV 쇼만 보자.

06 **comedy** [kámədi] n. 희극

A Do you like a comedy?

너 희극 좋아하니?

B Yes, I do.

응, 좋아해.

07 **drama** [drɑ́:mə, drǽma] n. 희곡, 연극

A The character was so nice in that drama.

그 희곡에 나왔던 그 등장인물은 멋졌어.

B Yes, he was.

응, 맞아.

08 **fact** [fǽkt] n. 사실

A Where were you yesterday?

너 어제 어디에 있었니?

B In fact, I was in the hospital.

사실은 나 병원에 있었어.

09 **famous** [féiməs] a. 유명한

A He is handsome.
그는 잘 생겼어.

B Don't you know him? He is a famous actor.
너 그를 모르니? 그는 유명한 배우야.

10 **fault** [fɔ́:lt] v. 비난하다 n. 과실, 잘못

A I didn't fault him.
난 그를 비난하지 않았어.

B Did you explain that?
넌 그것을 설명했니?

11 **magazine** [mæ̀gəzí:n] n. 잡지

A What did you buy?
너 뭐 샀니?

B I bought a magazine.
나 잡지 하나 샀어.

12 **newspaper** [njú:zpèipər, njú:s-] n. 신문

A Did you read the newspaper?
너 신문 봤니?

B No. I didn't.
아니 못 봤어.

13 **program** [próugræm, -grəm] v. 프로그램을 짜다 n. 프로그램

A Are you programming something?

너 뭔가 프로그램을 짜고 있니?

B Yes, I'm programming something new.

응, 난 새로운 무언가를 짜고 있어.

14 **report** [ripɔ́ːrt] v. 보고하다 n. 보고서

A Can I start to report?

보고 시작할까?

B No, Wait a minute.

아니, 잠시만 기다려.

15 **title** [táitl] n. 제목

A What's the title of this chapter.

이 과의 제목은 무엇이니?

B The frog.

개구리.

16 **topic** [tápik] n. 화제

A What's the topic?

화제가 뭐야?

B The final exam.

기말 고사.

17 **true** [trúː] a. 진실한

A He won the race.
그가 경주에서 이겼어.

B Is that true?
진실이야?

18 **false** [fɔ́ːls] a. 거짓인, 잘못된

A Is it true or false?
그것은 진실이니? 거짓이니?

B It's false.
거짓이야.

19 **television** [téləvìʒən] n. 텔레비전

A What's on the television?
텔레비전에서 뭐하니?

B Nothing special.
특별한 건 안 해.

20 **media** [míːdiə] n. 매스컴, 미디어, 대중매체

A We have had the great growth in the media market.
우리는 매스컴 시장에서 큰 성장을 이루어 왔어.

B In the broadcasting market, too
방송 시장에서도 마찬가지야.

A 다음 단어의 한글 뜻을 적으시오.

1 race _______________
2 broadcasting _______________
3 recognize _______________
4 famous _______________
5 right _______________

B 알맞은 단어를 넣으시오.

6 civil _______________ (시민 사회)

7 a _______________ of government (정치 조직)

8 an straight _______________ (틀림없는 사실)

9 an _______________ on Korea (한국에 관한 기사)

10 She has _______________ her marriage to her friends.
   (그녀는 친구들에게 결혼한다고 발표했다.)

C 다음 밑줄 그은 단어와 비슷한 뜻을 가진 단어를 고르시오.

11 This title of the book is very important.

a. comedy　　　b. drama　　　c. topic　　　d. report

D 다음 밑줄 그은 단어와 반대되는 뜻을 가진 단어를 고르시오.

> **12 ex. I** objected **the opinion.**

a. rule　　　b. agree　　　c. include　　　d. campaign

E 다음 밑줄 그은 뜻과 일치하는 단어를 고르시오.

> lead　　　freedom　　　magazine

13 "우리는 자유를 위해 싸울 것이다."　　　＿＿＿＿＿＿＿＿＿

14 "우리의 지도자는 우리를 잘 이끌 것이다."　　　＿＿＿＿＿＿＿＿＿

15 "그 잡지를 한번 봐봐"　　　＿＿＿＿＿＿＿＿＿

Part 7

Science

[과학]

Science & Technology

과학과 기술

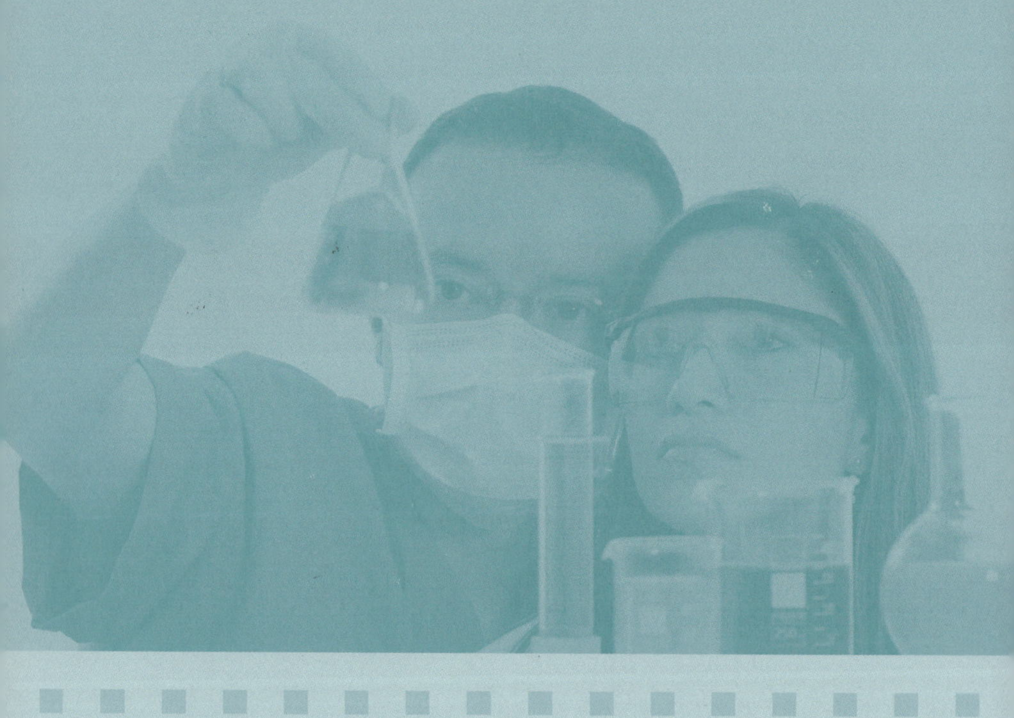

01 battery [bǽtəri] n. 전지, 배터리

A Is this a single-use battery?

이것은 일회용 배터리 인가요?

B No, You can recharge it.

아니요, 충전하실 수 있어요.

02 material [mətíəriəl] n. 재료 a. 물질의

A What materials do we need?

어떤 재료가 필요하니?

B Paper, scissors and glue.

종이, 가위, 풀이 필요해.

03 electric [iléktrik] a. 전자의, 전기의

A What's that?

저건 뭐야?

B It's an electric dictionary.

그건 전자 사전이야.

04 effect [ifékt] n. 효과, 방향 v. 초래하다, 달성하다

A Does it have an effect for concentrating?

그건 집중하는데 효과가 있니?

B Yes, it does.

응, 그래.

05 copy [kápi] v. 베끼다, 복사하다 n. 사본, 복사

A Please copy it three pieces.

3장만 복사해 줘.

B Okay.

알았어.

06 digital [dídʒətl] a. 디지털 방식의

A Can I borrow your digital camera?

너의 디지털 카메라를 빌릴 수 있을까?

B Yes, you can.

응, 그래.

07 experiment [ikspérəmənt] v. 실험하다 n. 실험

A What are you experimenting on?

너 무슨 실험하고 있어?

B I'm experimenting on disasters.

난 자연 재해에 대해 실험하고 있어.

08 machine [məʃíːn] n. 기계

A Do you know how to use this machine?

너 이 기계 어떻게 사용하는지 알아?

B Yes, I do.

응, 알아.

09 **scientist** [sáiəntist] n. 과학자

A The scientist succeeds in the project.

그 과학자는 그 프로젝트를 성공했어.

B Great.

멋진 걸.

10 **since** [síns] conj. ~이래, ~이므로 prep. ~부터(내내)

A Have you ever lived in another city?

다른 도시에서 살아 본 적 있니?

B No, I haven't, I have lived in Seoul since I was born.

아니, 난 태어나서부터 서울에서 살아왔어.

11 **develop** [divéləp] v. 발전시키다

A Mr. Smith has developed our productivity.

Smith씨는 우리의 생산성을 발전시켜왔어.

B He can deserve to be a vice-president.

그는 부회장이 될 만해.

12 **button** [bʌ́tn] n. 단추

A What can I do for you?

내가 무얼 도와줄까?

B Please, Press this button.

이 버튼을 눌러.

13 space [spéis] v. 일정한 간격을 유지하게 하다 n. 공간, 우주

A Separate the blocks by equal spaces.
같은 간격으로 블록들을 나누어 봐.

B Like this?
이렇게?

14 spaceship [spéisʃîp] n. 우주선

A It's a new spaceship.
이게 새로운 우주선이야.

B It's amazing.
놀랍구나.

15 switch [swítʃ] v. ~의 스위치를 켜다 n. 스위치, 개폐기

A Did you switch on?
너 스위치 켰니?

B Oh, sorry. I forgot.
오, 미안. 잊어버렸네.

16 technology [teknáləd3i] n. 기술

A We can live conveniently by technology.
우리는 기술로 인해 편하게 살 수 있어.

B For example?
예를 들면?

17 quiet [kwáiət] a. 조용한 n. 고요

A Be quiet.

조용히 해.

B I'm sorry.

미안해.

18 discover [diskʌ́vər] v. 발견하다

A Who discovered **America continent?**

누가 미국 대륙을 발견했나?

B Columbus did.

콜럼버스가 발견했어.

19 invent [invént] v. 발명하다

A We invented **a new machine.**

우리가 새로운 기계를 발명했어요.

B Does it work properly?

제대로 작동하나요?

20 design [dizáin] v. 설계하다

A This cup is very unique.

이 컵 독특하네.

B I designed **it by myself.**

내가 직접 디자인 했어.

Computer

|컴퓨터

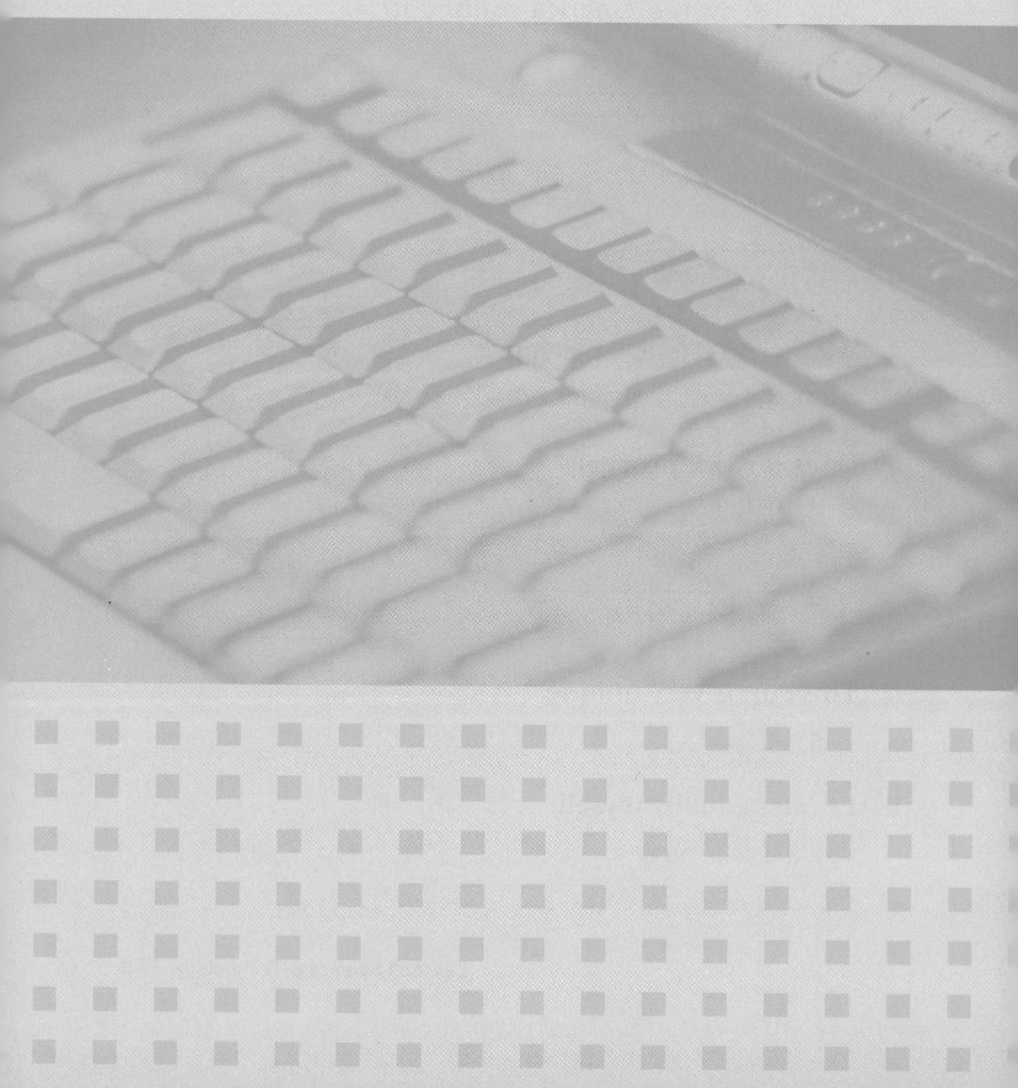

01 **chatting** [tʃǽtiŋ] n. (컴퓨터) 채팅, 잡담하기

A Stop chatting on the Internet.
인터넷에서 채팅 하는 것 좀 그만해.

B Okay, I will stop soon.
알았어, 곧 그만 둘게.

02 **click** [klík] v. (컴퓨터) 마우스의 버튼을 누르다

A Click the Next button.
다음 단추를 눌러.

B Which one?
어떤 거?

03 **compact** [kəmpǽkt] a. 조밀한, 밀집한

A Here is in compact mass with stores.
여기는 가게들로 밀집해 있어.

B You're right.
네 말이 맞아.

04 **desktop** [désktὰp] a. 탁상용의 n. 데스크톱 컴퓨터

A Do you have your own desktop in your office?
넌 사무실에 너의 데스크톱 컴퓨터가 있니?

B Yes, I do. I dislike laptop computer.
응, 있어. 난 노트북을 안 좋아해서.

05 **download** [dáunlòud] v. (데이터를) 다운로드하다 n. 다운로드

A How can I apply for?

어떻게 지원을 해야 하니?

B Download the application form from the web site.

웹사이트에서 지원 양식을 다운받아.

06 **e-mail** [í:mèil] n. 전자 우편

A May I have your e-mail address?

이메일 주소를 말해주겠니?

B Of course.

물론이지.

07 **enter** [éntər] v. 들어가다

A How can I enter this building?

이 건물에 어떻게 들어가니?

B Through the back gate.

후문을 이용해.

08 **type** [táip] n. 유형

A What kind of word type do you like?

넌 어떤 종류의 워드 타입을 좋아해?

B I like the Microsoft Word.

난 마이크로 소프트 워드가 좋아.

09 fax [fǽks] n. 팩스

A How can I contact you?
너에게 어떻게 연락을 해야 하니?

B You can send me a fax.
팩스로 보내.

10 information [ìnfərméiʃən] n. 정보

A If you want more information, call us now.
더 많은 정보를 원하면 지금 우리에게 전화해.

B Pardon me?
뭐라고?

11 Internet [íntərnèt] n. 인터넷

A I don't have enough time for shopping.
난 쇼핑을 할 충분한 시간이 없어.

B How about using the Internet?
인터넷을 이용하는 건 어때?

12 on-line [on-láin] a. 온라인의 ad. 온라인으로

A Should I visit bank in person?
직접 은행에 방문해야 하니?

B No, you can handle it through the on-line banking.
아니, 넌 온라인 뱅킹으로 그것을 처리할 수 있어.

13 **personal** [pə́ːrsənl] a. 개인적인

A Why did you absent from school?
너 왜 학교 결석했니?

B Because of the personal reasons.
개인적인 이유 때문에.

14 **print** [prínt] v. 인쇄하다 n. 인쇄

A I want to print it out.
난 그것을 인쇄하고 싶어.

B Okay you can use that machine.
좋아, 넌 저 기계를 사용하면 돼.

15 **screen** [skríːn] n. 화면 v. 가리다, 지키다

A Hey, How about this TV?
이 TV 어때?

B Good, But I want wider screen than that one.
좋아, 그렇지만 더 그것보다 넓은 화면을 원해.

16 **wide** [wáid] a. 폭이 넓은

A Is it wide enough?
그것은 충분히 넓으니?

B Yes, it is.
응, 그래.

17 surfing [sə́ːrfiŋ] n. 인터넷 검색하기, TV채널 돌리기

A What are you doing now?

너 지금 뭐하고 있니?

B I am surfing the Internet.

난 지금 인터넷 서핑 중이야.

18 receive [risíːv] v. 받다

A Did you receive my mail?

너 내 우편 받았니?

B I'll check it right now.

지금 당장 확인해 볼게.

19 scan [skǽn] v. 정밀히 검사하다, 스캔하다

A Did you scan it?

너 정밀히 검사했니?

B Of course, I did.

물론이지.

20 process [práses] n. 과정, 진행 v. 가공하다

A The process takes a long time.

그 과정은 시간이 오래 걸린다.

B Hurry up! We don't have much time.

서둘러! 우리는 시간이 많지 않아.

A 다음 단어의 한글 뜻을 적으시오.

1 technology _______________ 2 chatting _______________

3 space _______________ 4 print _______________

5 scientist _______________

B 다음 뜻과 단어를 바르게 연결하시오.

6 발견하다 •   • spaceship

7 훑다 •   • discover

8 우주선 •   • machine

9 탁상용의 •   • desktop

10 기계 •   • scan

11 ___________________ the application form. (지원 양식을 다운받아.)

12 confidential ___________________ (비밀 정보)

13 placebo___________________ (플라시보 효과)

14 I___________________ the computer mouse (나는 마우스를 눌렀다.)

15 prove by___________________ (실험으로 증명하다.)

Part 8

Education

[교육]

School 학교 | Studies 공부 | Lesson 과목

School

| 학교

01 **bookcase** [búkkèis] n. 책꽂이

A Have you made a bookcase?
책꽂이 만들어 본 적 있어?

B Yes, I have. But I didn't like that.
응, 있어. 그런데 그것을 좋아하지는 않아.

02 **classmate** [klǽsmèit] n. 반 친구, 동급생

A Is she your classmate?
그녀는 너의 반 친구야?

B Yes, she is. She is my favorite friend.
응, 그녀는 내가 가장 좋아하는 친구야.

03 **college** [kálidʒ] n. 대학, 단과대학

A What was your major during college days?
대학에서 무슨 전공을 했니?

B I majored in economics.
경제학을 전공했어.

04 **dictionary** [díkʃənèri] n. 사전

A You may use my dictionary.
내 사전 사용해도 돼.

B Thanks, how kind you are!
고마워, 넌 정말 친절하구나!

05   **educate** [édʒukèit] v. 교육하다, 훈련시키다

A   Thanks for educating me.

지도해 주서서 감사해요.

B   You're welcome. It's my pleasure.

천만에, 내 기쁨이었는 걸.

06   **elementary** [èləméntəri] a. 기초의, 기본이 되는, 초등학교의

A   What does she do?

그녀는 무슨 일을 해?

B   She is an elementary school teacher.

그녀는 초등학교 교사야.

07   **examination** [igzæmənéiʃən] n. 시험, 조사

A   Mom, I passed the examination.

엄마, 나 시험에 합격했어요.

B   I'm so happy to hear that.

그 얘길 들으니 너무 행복하구나.

08   **fail** [féil] n. 실패. v. 실패하다, 낙제하다

A   I failed the exam.

나 시험에 떨어졌어.

B   Cheer up. You'll do better next time.

기운 내. 다음 번엔 더 잘 할 수 있을 거야.

09 foolish [fúːliʃ] a. 어리석은, 바보 같은

A He did a mistake again.
그는 또 실수했어.

B How foolish he is!
그는 정말 어리석구나.

10 grade [gréid] n. 학년, 등급, 성적

A I'm in the first grade.
나는 1학년이야.

B Me, too. I knew you're in the second grade.
나도 그래, 난 네가 2학년인 줄 알았어.

11 graduate [grǽdʒuèit] n. 졸업생 v. 졸업하다

A Did she graduate from high school?
그녀는 고등학교 졸업했어?

B Yes, she did. I think she did last year.
응, 졸업했어. 내 생각에 작년일 거야.

12 library [láibrèri, -brəri] n. 도서관, 서재

A Can you go to the library with me?
나랑 같이 도서관 갈래?

B I'm sorry I can't.
같이 갈 수 없어서 미안해.

13 middle [mídl] a. 중앙의, 가운데의 n. 중앙

A Do you go to Seoul middle school?

너 서울 중학교 다니니?

B No, I don't. I go to Namsan middle school.

아니, 난 남산 중학교 다녀.

14 museum [mju:zí:əm] n. 박물관, 기념관

A What did you do last weekend?

지난 주말에 뭐 했어?

B I went to a museum.

난 박물관 다녀왔어.

15 pass [pǽs] n. 좁은 길 v. 지나가다, 보내다

A Can you pass me the salt?

소금 좀 건네주실래요?

B Sure, here it is.

네, 여기 있어요.

16 ruler [rú:lər] n. 자, 통치자

A Can I use your ruler?

네 자 좀 써도 될까?

B Yes, here it is.

그래, 여기 있어.

17 **smart** [smáːrt] a. 영리한, 재치 있는

A She got top grade all her exams.
그녀는 모든 시험에서 최고점을 받았어.

B How **smart** she is!
그녀는 정말 똑똑하구나!

18 **spiral notebook** [spáiərəl nóutbùk] n. 제본 공책

A Can I help you?
도와드릴까요?

B I'm looking for a **spiral notebook**.
제본 공책을 찾고 있어요.

19 **test** [tést] n. 시험, 검사 v. 시험하다, 검사하다

A I have a math **test** next week.
다음 주에 수학 시험이 있어.

B You should study hard.
너 공부 열심히 해야겠구나.

20 **university** [jùːnəvə́ːrsəti] n. 대학, 종합대학교

A He graduated from Seoul National **university**.
그는 서울 대학교를 졸업 했대.

B Really? I don't know that.
정말이야? 나 그거 몰랐어.

Studies

|공부

01 **calm** [kάːm] n. 고요함 a. 고요한 v. 차분하게 하다

A Calm down. Tell me your name.

진정하세요. 이름을 말해보세요.

B My name is Mike.

내 이름은 마이크에요.

02 **correct** [kərékt] a. 올바른 v. 고치다, 바로잡다

A Is his answer correct?

그의 대답이 옳은가요?

B Yes, it is.

네, 그래요.

03 **course** [kɔ́ːrs] n. 진행, 순서, 항로, 강좌

A Are we still on course?

우리 제대로 가고 있는 거야?

B Of course. Trust me.

물론이지, 날 믿어.

04 **exact** [igzǽkt] a. 정확한, 틀림없는 바로 그

A Do you know his phone number?

너 그의 전화번호 아니?

B I don't know the exact number.

정확한 번호는 나도 모르겠어.

05 **improve** [imprú:v] v. 개량하다, 발전시키다

A I can't improve on my performance.
나의 연기력을 늘릴 수가 없어.

B It will improve with time.
시간이 지나면 좋아질 거야.

06 **know** [nóu] v. 알다, 이해하다

A Do you know anything about her?
그녀에 대해서 좀 아는 거 있어?

B No, I don't know anything about her.
아니, 나 개 전혀 몰라.

07 **mathematics** [mæ̀θəmǽtiks] n. 수학

A What's your favorite subject?
넌 무슨 과목을 가장 좋아해.

B My favorite subject is mathematics.
내가 가장 좋아하는 과목은 수학이야.

08 **mean** [mí:n] a. 비열한, 인색한 v. 의도하다

A What do these numbers mean?
이 숫자들의 의미가 뭐지?

B I have no idea.
나도 잘 모르겠어.

09 **perfect** [pə́ːrfikt] a. 완벽한, 결점이 없는

A Oh, it's a perfect fit.

오, 정말 잘 어울리네요.

B OK, I'll take it.

좋아요, 이걸로 할게요.

10 **poem** [póuəm] n. 시, 운문

A What's an epic poem?

서사시가 뭐야?

B It's too hard question.

그거 너무 어려운 질문인데?

11 **practice** [prǽktis] n. 연습, 훈련 v. 연습하다

A You are a good soccer player.

너 축구 잘 하는 구나.

B Thanks. I've had some practice.

고마워. 연습 좀 했거든.

12 **prepare** [pripέər] v. 준비하다, 대비하다

A What are you doing?

뭐 하고 있어?

B I'm preparing for a trip.

여행준비를 하는 중이야.

13 **prize** [práiz] n. 상, 상금

A Who won the first prize?
누가 1등상을 받았니?

B Tom won the first prize.
Tom이 1등 했어.

14 **problem** [prábləm] n. 문제, 의문 a. 문제가 있는

A Can you solve this problem?
이 문제 풀 수 있겠니?

B Well, it's too difficult.
글쎄, 너무 어려운데.

15 **repeat** [ripíːt] v. 반복하다, 되풀이하다

A Repeat exactly what I said.
내가 말한 거 정확히 따라 해봐.

B Sorry, I can't hear you.
미안해, 잘 못 들었어.

16 **review** [rivjúː] n. 검토, 복습 v. 검토하다, 복습하다

A What are you going to do this weekend?
이번 주말에 뭐 할 거야?

B I must review for an exam.
시험이 있어서 복습해야해.

17 subject [sʌ́bdʒikt] n. 주제, 제목, 과목

A He is good at all subjects.

그는 모든 과목을 다 잘 해.

B He is very smart.

그는 정말 똑똑하구나.

18 textbook [tékstbùk] n. 교과서, 본문 a. 교과서의

A Can I borrow your textbook?

교과서 좀 빌려줄래?

B OK, but you should bring it tomorrow.

좋아 하지만 내일은 가져와야 해.

19 warn [wɔ́ːrn] v. 경고하다, 타이르다, 명령하다

A I'm not going to warn you again.

경고는 이번이 마지막이야.

B Sorry, I won't do that.

미안해, 다시는 안 그럴게.

20 wrong [rɔ́ːŋ, ráŋ] a. 나쁜, 잘못 된 ad. 나쁘게, 잘못되어 n. 악, 잘못, 부정

A What's wrong with you?

너 왜 그래?

B I have a bad cold.

나 독감 걸렸어.

Lesson 3

Lesson

| 과목

01   **art** [ɑ́ːrt] n. 예술, 미술

A   I'm interested in music. What about you?

나는 음악에 흥미가 있어. 너는 어때?

B   I'm interested in art.

나는 미술에 흥미가 있어.

02   **biology** [baiɑ́lədʒi] n. 생물학

A   I have a biology class.

나는 생물 수업 들어.

B   Me, too. We have biology class together.

나도 그래. 우리 생물 수업 같이 듣는 구나.

03   **chemistry** [kémǝstri] n. 화학

A   Are you interested in chemistry?

너 화학에 관심 있니?

B   Not at all. It's boring.

전혀, 그것은 지루해.

04   **composition** [kɑ̀mpǝzíʃǝn] n. 작문, 작품, 작곡

A   Are you good at English composition?

너 영작 잘하니?

B   No, It's too difficult for me.

아니, 영작은 너무 어려워.

05 **curriculum** [kəríkjuləm] n. 교과 과정, 활동 계획

A Japanese is included in the curriculum.
교과 과정에 일본어도 있어.

B Great, I love Japanese comic books.
잘 됐다. 나 일본 만화 아주 좋아해.

06 **economics** [èkənámiks, ì:k-] n. 경제학

A What is she studying?
그녀는 무슨 공부를 하고 있어?

B She is studying economics.
그녀는 경제학을 공부하고 있어.

07 **geography** [dʒiágrəfi] n. 지리학, 지리

A We learn geography at school.
우리는 학교에서 지리를 배워.

B How interesting it is!
그거 재미있겠구나!

08 **history** [hístəri] n. 역사, 사학, 역사책

A Who is he?
저 분은 누구야?

B He is my history teacher.
그는 역사 선생님이야.

09 **language** [lǽŋgwidʒ] n. 언어

A She can speak three languages

그녀는 3개 국어를 말할 수 있어.

B Really? She has a talent for language

정말? 그녀는 어학에 재능이 있구나.

10 **law** [lɔ́ː] n. 법, 법률, 법규

A I downloaded an MP3

난 MP3 한 곡을 다운 받았어.

B It might be break copyright laws.

그것은 저작권법에 저촉될 수 있어.

11 **literature** [lítərətʃər, -tʃùər] n. 문학, 문예, 인쇄물

A Is he a professor of history?

그는 역사 교수님이야?

B No, he is a professor of literature.

아니, 그는 문학 교수님이야.

12 **medical** [médikəl] n. 진료, 의대생 a. 의학의, 의료의

A She is under medical treatment.

그녀는 치료 중이야.

B I hope she'll be better soon.

그녀가 빨리 나았으면 좋겠다.

13 **music** [mjú:zik] n. 음악

A My music teacher is handsome.

우리 음악 선생님은 잘 생겼어.

B I want to meet him.

나도 보고 싶은 걸.

14 **philosophy** [filásəfi] n. 철학

A Philosophy is too boring.

철학은 너무 지루해.

B I don't agree with you. It's interesting.

난 그렇게 생각하지 않아. 철학은 흥미진진해.

15 **physical exercise** [fízikəl éksərsàiz] n. 체조, 운동

A Do you like physical exercise?

너 운동 좋아하니?

B Are you kidding me? Look at my broken foot.

장난치니? 부러진 발 좀 봐라.

16 **physics** [fíziks] n. 물리학

A I have the difficulty in physics.

나 물리학이 어려워.

B Don't worry about it. Everyone thinks like that.

걱정 마. 모두가 그렇게 생각해.

17 **politics** [pálətiks] n. 정치, 정치학

A I'm not interested in politics.

난 정치에 관심이 없어.

B We have to be interested in politics.

우리는 정치에 관심을 가져야 해.

18 **science** [sáiəns] n. 과학

A Do you like science fiction movie.

공상과학 영화 좋아하니?

B Yes, I love it.

응, 아주 좋아해.

19 **society** [səsáiəti] n. 사회, 공동체, 협회

A What's the *Dead Poets Society*?

죽은 시인의 사회가 뭐야?

B It's a movie.

그거 영화야.

20 **subject** [sʌ́bdʒikt] n. 주제, 제목, 학과

A Math is my poorest subject.

수학은 내가 가장 못하는 과목이야.

B You should study math harder.

넌 수학 공부 더 열심히 해야겠구나.

Check up

A 다음 단어의 한글 뜻을 적으시오.

1 educate ___________________ 2 poem ___________________

3 biology ___________________ 4 politics ___________________

5 philosophy ___________________

B 다음 뜻과 단어를 바르게 연결하시오.

6 의미하다 •   • graduate

7 교과과정 •   • mean

8 지리 •   • curriculum

9 졸업하다 •   • geography

10 도서관 •   • library

C 다음 밑줄 그은 단어와 비슷한 뜻을 가진 단어를 고르시오.

11 Your answer is correct.

a. calm   b. exact   c. smart   d. practice

D 다음 밑줄 그은 단어와 반대되는 뜻을 가진 단어를 고르시오.

12 I have passed the final exam.

a. fail   b. ruler   c. wrong   d. know

E 다음 밑줄 그은 뜻과 일치하는 단어를 고르시오.

dictionary   prepare   chemistry

13 "나는 화학이 제일 재미있는 과목인 것 같아." ______________

14 "단어의 뜻을 모르겠으면 사전을 봐봐." ______________

15 수업을 미리 준비하다. ______________

Part 9

Economy

[경제]

Lesson 1

Economy

| 경제

01 **add** [ǽd] v. 더하다, 추가하다, 덧붙여 말하다

A Hou much does that add to the cost?

그것의 비용이 얼마나 추가되나요?

B I don't know exactly.

정확히는 모르겠어요.

02 **alike** [əláik] a. 비슷한, 서로 같은 ad. 같게, 마찬가지로

A Do we look alike?

우리 닮았어?

B Yes, you look like brothers.

응, 너희들은 형제 같이 보여.

03 **bill** [bíl] n. 계산서, 청구서

A How would you like to pay this bill?

계산은 어떻게 하실 건가요?

B I'll pay it by cash.

현금으로 계산 할게요.

04 **convenient** [kənvíːnjənt] a. 편리한, 형편이 되는

A When will it be convenient for you to come?

언제 오시는 게 편하시겠어요?

B I'll go on Wednesday.

수요일에 갈 거예요.

05 **count** [káunt] n. 계산, 셈 v. 세다, 계산하다

A Are you busy now?
너 지금 바쁘니?

B Yes, I am very busy. I will count an annual profit.
응, 아주 바빠. 연례 이익 계산해야해.

06 **demand** [diménd] n. 요구, 수요 v. 요구하다, 청구하다

A What is your demand?
어떻게 해드리면 될까요?

B I'd like to get a refund on this.
이 물건을 환불받고 싶어요.

07 **either** [í:ðər, ái-] a. 어느 한 쪽의 ad. ~도 또한 pron. 어느 한 쪽

A Did you call her last night?
어젯밤에 그녀에게 전화 했었어?

B Yes, but she didn't answer her cell phone, either.
응, 핸드폰도 안 받던데.

08 **empty** [émpti] a. 빈 v. 비우다

A We need a room to rest.
우리는 쉴 방이 하나 필요해.

B I'll find an empty room for you.
내가 빈 방을 찾아볼게.

09 **free** [fríː] a. 자유로운, 무료의 ad. 자유롭게, 무료로 v. 자유롭게 하다

A Are you busy now?

지금 바빠?

B Yes, but I'm free for dinner.

응, 하지만 저녁 땐 한가해.

10 **full** [fúl] a. 가득한

A Would you like something to eat?

뭐 좀 드시겠어요?

B No, thanks. I'm full.

아뇨, 괜찮아요. 배불러요.

11 **guest** [gést] n. 손님, 특별 출연자 a. 손님용의

A Where is the guest room?

손님방은 어디에요?

B The guest room is upstairs.

손님방은 위층이에요.

12 **helpful** [hélpfəl] a. 도움이 되는, 유익한

A It was helpful of you to do that.

네가 그렇게 해줘서 도움이 됐어.

B I'm happy to hear that.

도움이 되었다니 나도 기뻐.

13 **manage** [mǽnidʒ]　v. 경영하다, 다루다, 그럭저럭 해내다

A　Can you manage it?

그거 할 수 있겠어?

B　Yes, I can manage it by myself.

응, 난 혼자 할 수 있어.

14 **market** [mάːrkit]　n. 가게, 시장

A　What is she doing?

그녀는 무엇을 하고 있나요?

B　She is shopping in the market.

그녀는 시장에서 쇼핑하고 있어요.

15 **mistake** [mistéik]　n. 실수, 잘못　v. 틀리다, 착각하다

A　I'm sorry. It was a mistake.

미안해, 그건 실수였어.

B　All right. It was nothing.

괜찮아. 별 거 아닌데 뭘.

16 **necessary** [nésəsèri]　n. 필수품　a. 필요한, 필연적인

A　Thank you. This wasn't necessary.

고마워. 이럴 필요까진 없었는데.

B　We did what was necessary.

우린 필요한 일을 한 것뿐이야.

17 neither [níːðər, náiðər] pron. 어느 쪽도 아니다 a. 어느 쪽도 아닌 ad. ~도 또한 아니다

A I can't solve the problem.

난 그 문제 풀 수가 없어.

B Neither can I. It's too hard.

나도 그래. 그건 너무 어려워.

18 round [ráund] a. 둥근, 완전한 ad. 가까이에, 근방에, 둘레에

A There is a big bull dog in front of your house.

당신의 집 앞에 커다란 불독이 있어요.

B Step round to the side door.

옆문으로 돌아오세요.

19 shop [ʃáp] n. 상점, 가게 v. 가게에서 물건을 사다

A What does she do?

그녀는 무슨 일을 해?

B She works in a gift shop.

그녀는 선물 가게에서 일해.

20 useful [júːsfəl] a. 유용한, 실용적인

A What do you think of computers?

컴퓨터에 대해서 어떻게 생각해?

B I think a computer is useful for many things.

나는 컴퓨터가 많은 일을 하는 데 유용하다고 생각해.

A 다음 단어의 한글 뜻을 적으시오.

1 guest   _______________   2 round   _______________

3 empty   _______________   4 neither   _______________

5 convenient   _______________

B 다음 뜻의 영어 단어를 적으시오.

6 필요한   _______________   7 시장   _______________

8 실수   _______________   9 서로 같은   _______________

10 가득 찬   _______________

C 다음 뜻과 단어를 바르게 연결하시오.

11 관리하다. 경영하다. •   • count

12 세다   •   • bill

13 계산서   •   • demand

14 요구하다   •   • manage

 다음 밑줄 그은 단어와 비슷한 뜻을 가진 단어를 고르시오.

15 This policy is very useful policy of World's economy.

a. helpful   b. disadvantage   c. unuseful   d. discomfort

Part 10

Nature & Environment

[자연과 환경]

Nature

| 자연

01　animal [ǽnəməl]　n. 동물　a. 동물의

A　Shall we go to the zoo?

동물원에 갈까?

B　Great. I love to see animals.

좋아, 난 동물들을 보는 거 아주 좋아해.

02　autumn [ɔ́:təm]　n. 가을

A　What's your favorite season?

무슨 계절을 가장 좋아해?

B　My favorite season is autumn.

내가 가장 좋아하는 계절은 가을이야.

03　branch [bræntʃ, brɑ́:ntʃ]　n. 가지, 분점

A　I broke a branch of a tree.

나무에서 가지를 하나 꺾었어.

B　Don't do that again. We should protect nature.

다신 그러지마. 우리는 자연을 보호해야 해.

04　desert [dézəːrt]　n. 사막　a. 사막 같은, 불모의　v. 버리다

A　Have you ever been to a desert?

사막에 가본 적 있어?

B　No, but I want to go to there someday.

아니, 그렇지만 언젠가 거기에 가보고 싶어.

05 **forever** [fɔːrévər, fər-] ad. 영원히, 끝없이

A I'm going to Canada tomorrow. I'll really miss you.

나 내일 캐나다로 갈 거야. 네가 정말 그리울 거야.

B I'll miss you forever, too.

나도 널 영원히 잊지 않을 거야.

06 **grass** [græs, grɑːs] n. 풀, 잔디

A Let's walk on grass.

잔디 위로 걷자.

B No way! The sign said 'Keep off the grass'

안 돼! 표지판에 '잔디밭에 들어가지 말라' 라고 씌어 있어.

07 **ground** [gráund] n. 땅, 운동장

A The ground is our mother.

대지는 우리의 어머니야.

B Are you crazy? I know your mother at your home.

미쳤니, 난 네 집에 계신 네 어머니를 알고 있어.

08 **island** [áilənd] n. 섬

A Have you ever been to Je-ju island?

제주도에 가본 적 있어?

B Yes, I have been there once.

응, 나 거기 한 번 가봤어.

09 **lake** [léik] n. 호수

A Shall we hike to the lake?

호수로 하이킹 갈까?

B That sounds great! The lake is really beautiful.

좋아! 그 호수는 정말로 아름다워.

10 **leaf** [líːf] n. 나뭇잎

A Leaves turn red and yellow in autumn.

가을에는 나뭇잎들이 단풍이 들어.

B That's why I like autumn best.

그래서 난 가을을 가장 좋아해.

11 **mountain** [máuntən] n. 산 a. 산의

A Look at the mountain. It is covered with snow.

저 산 좀 봐. 눈으로 덮여 있네.

B Oh! How beautiful it is!

와! 정말 아름답다!

12 **ocean** [óuʃən] n. 바다, 대양

A What did you do during the summer vacation?

여름방학 때 뭐 했어?

B I went swimming in the ocean.

난 바다에 가서 수영 했어.

13 **raise** [réiz] v. 올리다, 기르다

A I am raising a cat.

난 고양이를 한 마리 기르고 있어.

B I want to raise a cat, too.

나도 고양이 키우고 싶어.

14 **plant** [plænt] n. 식물, 공장 v. 심다

A What did you do last weekend?

지난 주말에 뭐했니?

B I planted trees in the mountain with my father.

난 아빠랑 산에 나무를 심었어.

15 **sand** [sænd] n. 모래

A What are you doing?

너 뭐하고 있니?

B I am building a sand castle.

난 모래성 만들고 있어.

16 **season** [síːzn] n. 계절

A How many seasons do we have in Korea?

한국에는 몇 개의 계절이 있나요?

B In Korea, we have four seasons.

한국에는, 사계절이 있어요.

17 **spring** [spríŋ] n. 봄, 용수철 v. 뛰어오르다, 튀다

A Which do you like better, spring or autumn?
봄과 가을 중 어떤 계절이 더 좋아?

B I like spring better.
나는 봄이 더 좋아.

18 **summer** [sʌ́mər] n. 여름

A What are you going to do this summer vacation?
이번 여름방학 때 뭐할 거야?

B I am going to Canada to study English.
난 영어 공부하기 위해 캐나다에 갈 거야.

19 **winter** [wíntər] n. 겨울

A Do you like winter sports?
겨울 운동 좋아해?

B Yes. I like skiing.
나 스키 타는 거 좋아해.

20 **wonderful** [wʌ́ndərfəl] a. 굉장한, 멋진, 이상한

A I went to the aquarium last Sunday.
나 지난 일요일에 수족관에 갔다 왔어.

B Was it wonderful?
멋졌니?

Weather

|날씨|

01 **blow** [blóu] n. 강타 v. 바람이 불다

A The wind is blowing hard.

바람이 몹시 불고 있어.

B A storm is gathering.

폭풍이 오고 있대.

02 **bright** [bráit] a. 밝은, 영리한

A What did you see?

넌 뭐 봤어?

B I saw a very bright light.

난 아주 밝은 빛을 봤어.

03 **clear** [klíər] a. 맑은, 명백한, 순수한 v. 맑게 하다, 제거하다

A What did they do last night?

어젯밤에 그들은 무슨 일을 했어?

B They kept the roads clear of snow.

그들은 도로에 있는 눈을 치웠어.

04 **cloudy** [kláudi] a. 흐린, 구름이 많은

A How's the weather?

날씨 어때?

B It is cloudy today.

오늘은 날이 흐려.

05 **cool** [kúːl] a. 시원한, 냉정한 v. 차게 하다, 진정시키다

A It is too hot outside.

밖은 너무 더워요.

B Would you like to drink something cool?

시원한 마실 것 좀 드릴까요?

06 **degree** [digríː] n. 도, 온도, 학위

A The temperature will be up 5 degrees more tomorrow.

내일은 기온이 5도나 더 올라갈 거래.

B It is too hot these days.

요즘 너무 더워.

07 **dry** [drái] a. 마른, 건조한 v. 말리다, 마르다

A It rained a lot yesterday.

어젯밤엔 비가 많이 왔어.

B It was helpful to be relieved from dry weather.

건조한 날씨를 해결하는 데 도움이 될 거야.

08 **flood** [flʌd] n. 홍수 v. 범람하다

A The flood destroyed the city.

홍수가 그 도시를 파괴해 버렸어.

B We should help the victims.

우리는 희생자들을 도와야만 해.

09　**foggy** [fɔ́ːgi, fɑ́gi]　n. 안개 낀

A　Is it foggy outside?

밖에 안개 끼었어?

B　Yes, it is. Drive carefully.

응, 운전 조심해.

10　**frozen** [fróuzn]　a. 언, 극한의

A　Frozen food is convenient.

냉동음식은 편리해.

B　I dislike frozen food.

난 냉동음식 싫어.

11　**rainbow** [réinbòu]　n. 무지개

A　I took pictures of rainbow.

나는 무지개 사진을 찍었어.

B　I want to see the pictures.

나 그 사진 보고 싶어.

12　**rainy** [réini]　a. 비가 오는

A　It is rainy today.

오늘 비가 와.

B　Do you have an umbrella?

너 우산 있어?

13 shiny [ʃáini] a. 빛나는, 화창한

A Look at the shiny shoes.

저 빛나는 구두 좀 봐.

B They're so beautiful.

너무 예쁘다.

14 snowman [snóumæn] n. 눈사람

A Let's go out and make a snowman.

나가서 눈사람 만들자.

B OK. Wait a minute.

좋아. 잠깐만 기다려.

15 sunny [sʌ́ni] a. 맑은, 밝은

A How's the weather today?

오늘 날씨 어때?

B It's sunny but cold.

햇볕은 나는데 추워.

16 wave [wéiv] n. 파도, 파동 v. 파도치다, 물결치다, 흔들다, 신호하다

A What are you doing here?

너 여기서 뭐 해?

B I'm listening to the waves.

파도 소리 듣고 있어.

17 wet [wét] n. 습기 a. 젖은 v. 적시다

A Why are you wet?
너 왜 다 젖었니?

B It is raining outside.
밖에 비가 오고 있거든.

18 weather [wéðər] n. 날씨, 기후

A What was the weather like yesterday?
어제 날씨 어땠어?

B It was very cold yesterday.
어제 너무 추웠어.

19 windy [wíndi] a. 바람이 부는

A It's windy today. I hate this weather.
오늘 바람 분다. 이런 날 싫은데.

B Enjoy the wind, if you are a tough guy.
터프 가이라면 바람을 즐겨.

20 thunder [θʌ́ndər] n. 천둥 v. 천둥치다, 소리 지르다

A There's going to be thunder.
천둥이 칠 것 같은데.

B Don't go out and stay at home.
밖에 나가지 말고 집에 있어.

Lesson 3
Environment

| 환경

01 **clean** [klíːn] a. 깨끗한, 오염되지 않은 v. 청소하다

A Where did you clean?

넌 어딜 청소 했어?

B I cleaned the garden in the park.

난 공원에 있는 정원을 청소 했어.

02 **earth** [ə́ːrθ] n. 지구, 육지, 흙

A The earth is large.

지구는 거대해.

B The sun is larger than the earth.

태양은 지구보다 더 거대해.

03 **enough** [inʌ́f] a. 충분한 ad. 충분히 pron. 충분한 양

A I'm so tired these days.

나 요즘 너무 피곤해.

B You should get enough sleep.

넌 잠을 충분히 자야 돼.

04 **environment** [inváiərənmənt, en-] n. 환경, 주위 상황

A For all teenagers, their environment is very important.

모든 십대의 경우에 환경은 매우 중요해.

B I see. That child is growing up in a bad environment.

알아. 저 아이는 좋지 않은 환경에서 자라고 있어.

05   **factory** [fǽktəri] n. 공장

> **A**   There are too many factories in my town.
> 우리 마을에는 공장이 너무 많아.

> **B**   They can pollute the environment.
> 그것들은 환경을 오염시킬 수 있어.

06   **forest** [fɔ́ːrist, fá-] n. 숲, 삼림

> **A**   The forest is a mass of color in autumn.
> 그 숲은 가을이 되면 온갖 색으로 넘쳐나.

> **B**   That's why I like autumn.
> 난 그래서 가을이 좋아.

07   **gas** [gǽs] n. 기체, 휘발유

> **A**   The gas can explode.
> 그 가스는 폭발할 수도 있어.

> **B**   We should use the gas carefully.
> 우리는 그 가스를 조심스럽게 사용해야해.

08   **harm** [háːrm] n. 해, 손해 v. 해를 가하다, 손해를 입히다

> **A**   Computers do us good.
> 컴퓨터는 우리에게 이로워.

> **B**   You're right. But they can do us harm, too.
> 네 말이 맞아. 하지만 컴퓨터는 우리에게 해를 줄 수도 있어.

09 **mild** [máild] a. 부드러운, 순한, 온화한

A The weather becomes milder.
날씨가 점점 온화해지고 있어.

B Spring will come soon.
봄이 곧 올 건가봐.

10 **pollute** [pəlúːt] v. 더럽히다, 오염시키다

A A lot of fish in the river are dead.
강에 있는 많은 물고기가 죽었어.

B The river is polluted.
그 강은 오염 됐어.

11 **prevent** [privént] v. 막다, 방지하다

A Why are you here?
너 왜 여기 있어?

B The heavy snow prevented me from starting.
폭설 때문에 난 출발하지 못했어.

12 **protect** [prətékt] v. 보호하다

A What can we do to protect wild animals?
야생동물 보호를 위해 우리는 무엇을 해야 할까?

B We should stop hunting wild animals.
우리는 야생동물 사냥을 그만둬야 해.

13 recycle [rì:sáikl] v. 개조하다, 재활용하다

A How many things do you recycle to reduce waste?

넌 쓰레기를 줄이기 위해 몇 가지나 재활용하니?

B I recycle paper and cans.

난 종이와 캔을 재활용하고 있어.

14 reduce [ridʒúːs] v. 줄이다, 낮추다

A What can we do to protect the environment?

환경보호를 위해 우리는 무엇을 할 수 있을까?

B We should reduce waste.

우린 쓰레기를 줄여야 해.

15 reuse [riːjúːz] n. 재사용 v. 재사용하다, 재생하다

A The book is made of reused paper.

그 책은 재생용지로 만들었어요.

B It can protect the environment.

이것은 환경을 보호할 수 있겠군요.

16 save [séiv] v. 구하다, 구조하다

A The dog saved the boy's life.

그 개는 그 소년의 목숨을 구했어.

B Really? It's an amazing story.

정말이야? 그거 놀라운 이야기인데.

17 trash [træʃ] n. 폐품, 쓰레기

A I saw a lot of trash at the riverside.

나는 강가에서 많은 쓰레기들을 보았어.

B We should protect the river.

우린 그 강을 보호해야만 해.

18 ton [tʌn] n. 무게 단위, (상당한) 양

A Why are you happy?

너 왜 그렇게 행복해해?

B I bought a ton of food.

먹을 것들을 잔뜩 사뒀거든.

19 waste [wéist] n. 낭비, 쓰레기 v. 낭비하다

A What did you do to protect the environment?

환경을 보호하기 위해서 넌 무얼 하고 있니?

B I have joined the campaign to reduce waste.

난 쓰레기 줄이기 운동에 참여하고 있어.

20 wild [wáild] a. 야생의, 거친, 난폭한

A Do you like wild animals?

너 야생 동물 좋아해?

B Yes. I love them. I want to see wild animals.

응, 아주 좋아해. 난 야생 동물들을 보고 싶어.

Country & City

|국가와 도시

01 **area** [έəriə] n. 지역, 지방

A I am a newcomer to this area.

나는 이 지역에 새로 이사왔어.

B Nice to meet you.

만나서 반가워.

02 **beach** [bí:tʃ] n. 해변, 모래

A How can I get to Dong Hae beach?

동해 해수욕장은 어떻게 가니?

B You can get there by bus.

버스 타고 갈 수 있어.

03 **capital** [kǽpətl] n. 수도, 대문자 a. 자본의, 가장 중요한

A What is the capital of Korea?

한국의 수도는 어디니?

B The capital of Korea is Seoul.

한국의 수도는 서울이야.

04 **central** [séntrəl] a. 중심의, 주요한 n. 본부

A The central feature of the castle is the its big main tower.

그 성의 주요한 특징은 그 커다란 탑이야.

B But we don't have enough time to see it.

하지만 우린 그것을 볼 만한 시간이 없어.

05 city [síti] n. 도시, 시

A What's your first impression of the city?
이 도시에 대한 첫인상이 어때요?

B It's too crowded.
너무 혼잡스러워요.

06 coast [kóust] n. 해안

A How can I go to the East coast?
동해 해안으로 어떻게 가니?

B You can take a taxi. It's not far from here.
택시를 타. 여기서 멀지 않아.

07 continent [kántənənt] n. 대륙 a. 자제심이 있는

A It's the smallest continent, but a very large country.
그것은 가장 작은 대륙이지만, 큰 나라이기도 해.

B I know it, too. It's Australia.
나도 알아요. 오스트레일리아에요.

08 country [kʌ́ntri] n. 지역, 나라, 시골 a. 시골의

A How many countries are there in Europe?
유럽에는 얼마나 많은 나라가 있니?

B Maybe there are over 10.
아마도 10개 이상일거야.

09 **downtown** [dáuntáun] n. 도심지 a. 도심지의

A Would you go downtown after school?

학교 마치고 시내에 갈래?

B I am sorry, but I have lots of homework.

미안하지만, 숙제가 너무 많아.

10 **familiar** [fəmíljər] a. 익숙한, 잘 아는

A Does that look familiar to you?

어디서 본 것 같지 않아?

B Not at all. I have never seen it before.

전혀. 전에 한 번도 본 적이 없어.

11 **folk** [fóuk] n. 사람들, 여러분 a. 민속의

A Are you familiar with folk culture?

너는 민속 문화에 익숙하니?

B No. I'm not. Why do you ask?

아니. 왜 묻는데?

12 **hometown** [hóumtàun] n. 고향

A When do you go back to your hometown?

언제 너의 고향으로 돌아갈거니?

B I will go there next month.

다음 달에 갈 거야.

13 **local** [lóukəl] n. 지방의, 국부의

A Are you familiar with local culture?

너는 지방의 문화에 익숙하니?

B So so. How about you?

그냥 그래. 넌 어때?

14 **map** [mǽp] n. 지도 v. (~의) 지도를 만들다

A Do you have a map? I am lost.

혹시 지도 있으세요? 길을 잃었어요.

B Here you are.

여기 있습니다.

15 **main** [méin] a. 주요한

A Where is the main road?

주도로가 어디니?

B It is right here.

바로 여기야.

16 **site** [sáit] n. 대지, 장소

A Is there a World Heritage Site in Seoul?

서울에 세계문화유산 등록지가 있나요?

B Yes. I have heard about that, but I don't know where it is.

네. 그렇게 들었지만 어디인지는 몰라요.

17 **tower** [táuər] n. 탑, 요새

A What is the biggest tower in Seoul?

서울에서 가장 큰 탑이 무엇인가요?

B It is Seoul Tower.

그것은 서울 타워예요.

18 **town** [táun] n. 읍, 시

A How can I get to the town?

시내로 어떻게 나가죠?

B I'll take you by my car.

제 차로 모셔다 드릴게요.

19 **village** [vílidʒ] n. 마을 a. 마을의

A Is your village quiet?

네가 있는 마을은 조용하니?

B Not quite.

별로.

20 **world** [wə́:rld] n. 세계

A Do you believe the world is one?

넌 세계가 하나라는 걸 믿니?

B Sometimes yes, but sometimes no. Because of war.

때론 그렇지만, 때론 아닌 것 같아. 전쟁 때문에.

Place

| 장소

01 **across** [əkrɔ́ːs, əkrɑ́s] prep. ~을 가로질러, ~와 교차하여 ad. 가로질러

A Where is the post office?
우체국이 어디에 있니?

B It's right across the street.
바로 길 건너에 있어요.

02 **ahead** [əhéd] ad. 앞쪽에, 앞으로

A Can I go straight ahead?
곧장 가도 되니?

B No, there's no road any more.
아니, 더는 길이 없어.

03 **almost** [ɔ́ːlmoust] ad. 거의, 대부분

A When can we arrive home?
언제쯤 집에 도착하니?

B We are almost there.
거의 도착했어.

04 **along** [əlɔ́ːŋ] prep. ~을 따라서, 도중에 ad. 따라서

A I lost my wallet somewhere along the beach.
해변 어딘가에서 지갑을 잃었어.

B Oh, dear. Let's go there.
저런, 같이 한번 가보자.

05　**away** [əwéi]　ad. 떨어져, 멀리

A　Where is Tom?

톰은 어디 갔니?

B　He is away on a business trip.

멀리 출장 갔어.

06　**base** [béis]　n. 기반, 기초　a. 기초가 되는, 기본적인　v. ~의 기초를 두다

A　Do you know that movie?

저 영화를 알고 있니?

B　Yes, I do. It's based on a true story.

응. 실화를 바탕으로 한 이야기잖아.

07　**block** [blák]　n. 덩어리, 장애물　v. 막다

A　Where is a gas station?

주유소가 어디니?

B　It is three blocks away from here.

세 블록 지나서.

08　**church** [tʃə́:rtʃ]　n. 교회, 성당

A　Are you Christian?

기독교인이니?

B　Of course, I go to a church every Sunday.

물론, 매주 일요일에는 교회도 나가.

09 **cross** [krɔ́:s] n. 십자가 v. 교차시키다

A How could you cross the border?

국경을 어떻게 건넜니?

B By Euro Star.

유로스타를 타고서.

10 **crosswalk** [krɔ́:swɔ̀:k] n. 횡단보도

A Is there a crosswalk along the main street?

주도로에 횡단보도가 있니?

B I don't think so.

없을 것 같은데.

11 **direction** [dirékʃən, dai-] n. 방향, 지도

A Is this the right direction to go to a bank?

이 길이 은행가는 길이 맞니?

B Yes, keep going.

응. 계속 가.

12 **everywhere** [évrihwɛ̀ər] ad. 어디에나, 어디에 ~라도

A Do you see my glasses?

내 안경 봤니?

B I looked everywhere but I can't find it.

모든 곳을 찾아봤지만 찾을 수가 없어.

13 guide [gáid] v. 안내하다 n. 안내자

A Could you guide me around the national museum?
국립박물관을 안내해줄 수 있니?

B Why not.
물론.

14 nearby [níərbài] a. 가까운 ad. 가까이에

A Is there accommodation nearby the station?
역 근처에 숙소가 있니?

B Yes. If you want, I will guide you.
응, 네가 원한다면 데려다 줄게.

15 nowhere [nóuʍwɛ́ər] ad. 아무데도 ~없다 n. 미지의 장소

A There is nowhere to avoid snowing.
눈을 피할 데가 없어.

B I am almost frozen.
얼어 죽을 것 같아.

16 path [pǽθ, pɑ́ːθ] n. 길, 진로

A Where is the main gate of the park?
공원의 대문은 어디 있니?

B You should follow the path along the river.
강 옆의 길을 따라서 가.

17 road [róud] n. 도로, 행로

A Where is the main road?
주도로가 어디니?

B Road No.1.
1번 도로요.

18 straight [stréit] a. 곧은, 일직선의 ad. 똑바로

A Where is a bank?
은행이 어디 있니?

B Go straight.
곧장 가.

19 stranger [stréindʒər] n. 낯선 사람, 방문자

A Have you heard the news about a stranger from Mars?
화성에서 온 외계인에 대한 소식을 들었니?

B It is ridiculous.
농담 마.

20 street [stríːt] n. 거리, 도로

A Where are you living?
어디에서 살고 있니?

B I am in 61st Park Street.
파크 도로 61번지에 살고 있어.

A 다음 단어의 한글 뜻을 적으시오.

1 leaf _______________ **2** flood _______________

3 clean _______________ **4** capital _______________

5 direction _______________

B 알맞은 답을 넣으시오.

6 I feel homesick. or I yearn for my _______________ .

(고향 생각이 간절하다.)

7 We took shelter in a _______________ cabin.

(우리는 가까운 오두막으로 피했다.)

8 _______________ right. (권리를 보호하다.)

9 The pond is _______________ over. (연못이 온통 얼어붙었다.)

10 a fishing _______________ (어촌)

C 다음 단어에 포함이 되는 것은?

11 'season'

a. ocean b. mountain c. spring d. lake

D 다음 밑줄 그은 단어와 비슷한 뜻을 가진 단어를 고르시오.

12 **Aluminum cans can be recycled easily.**

a. enough   b. reuse   c. pollute   d. reduce

E 다음 밑줄 그은 뜻과 일치하는 단어를 고르시오.

church   beach   guide

13 그 여행 안내원은 이번 우리의 여행을 책임질 것이다. ___________

14 우리 마을의 모든 사람들은 그 교회에서 예배를 한다. ___________

15 나는 바닷가에서 이번 휴가를 즐기고 있다. ___________

Part 11

Things

[물건]

Things

|물건

01 **arrange** [ərɛ́indʒ] v. 정돈하다, 가지런히 하다, 배열하다

A What a mess!

지저분하구나!

B I'll arrange my room.

내 방을 정돈할게.

02 **belong** [bilɔ́:ŋ, -láŋ] v. ~에 속하다

A I belong to the reading club.

난 독서 클럽이야.

B Me, too.

나도 그래.

03 **carry** [kǽri] v. 나르다, 운반하다

A Could you carry this plant for me?

이 화분 좀 운반해 주겠니?

B Sure.

물론이지.

04 **choose** [tʃúːz] v. 선택하다

A You can choose among these dolls.

넌 이 인형들 중에서 선택할 수 있어.

B Um, I'll take this.

음, 난 이것을 고를래.

05 nothing [nʌ́θiŋ] pron. 아무것도 ~ 아님 n. 무, 영(0)

A Do you have any special plan for this weekend?

이번 주말에 특별한 계획 있니?

B Nothing special.

특별한 건 없어.

06 everything [évriθìŋ] pron. 무엇이든지, 모두

A There is everything we want.

우리가 원하는 건 모두 있어.

B Sounds fantastic.

환상적이네.

07 goods [gúdz] n. 상품

A This place is for the goods in stock.

이곳은 재고품을 위한 장소야.

B It's nice.

좋은데.

08 item [áitəm] n. 제품, 항목

A We need a new item this year.

올해에 우리는 새로운 제품이 필요해.

B You're right.

네 말이 맞아.

09 **list** [líst] n. 목록, 명부 v. 목록에 올리다

A I forgot the list.
나 목록을 잃어버렸어.

B Are you kidding me?
너 농담하는 거지?

10 **pack** [pǽk] v. 짐을 꾸리다 n. 꾸러미

A You have to pack before you sleep.
너는 자기 전에 짐을 꾸려야 해.

B I know that.
알고 있어.

11 **pair** [pέər] n. (두 개로 된) 한 쌍

A May I help you?
무엇을 도와줄까?

B I'm looking for a pair of socks.
난 양말 한 켤레를 찾고 있어.

12 **piece** [píːs] n. 조각

A Can I have one more piece of cake?
케이크 한 조각 더 먹어도 되니?

B Sure, you can. Here you are.
물론이지, 여기 있어.

13 **sheet** [ʃíːt] v. (종이) 한 장

A How many sheets of paper do you want?

넌 종이를 몇 장이나 원하니?

B A sheet of paper.

한 장.

14 **spare** [spɛ́ər] a. 여분의, 예비의

A I have a spare tire.

난 예비 타이어가 있어.

B Good.

좋아.

15 **tool** [túːl] n. 도구

A When did people start to use tools?

사람들은 언제 도구를 사용하기 시작했을까?

B Let's find it out together.

같이 알아보자.

16 **heavy** [hévi] a. 무거운

A It's very heavy.

이건 너무 무거워.

B Let me help you.

도와줄게.

17 beside [biságid] prep. ~의 곁에

A Where is the cat?

고양이는 어디에 있니?

B Besides the lake.

호수 옆에.

18 guess [gés] v. 추측하다 n. 추측

A Can you guess who I am ?

내가 누군지 알아맞힐 수 있겠니?

B Give me more hints.

힌트 좀 더 줘.

19 pick [pík] v. 골라잡다, 쪼다

A Pick up your pencil.

연필을 잡아라.

B Yes, ma'am.

네, 선생님.

20 own [óun] a. 자기 자신의

A I have my own shop.

난 나 자신만의 가게를 가지고 있어.

B Where is it?

어디에 있는데?

Numbers

수

01 **bit** [bít] n. 작은 조각, 조금

A Would you want some cookies?

쿠키 좀 먹을래?

B Yes, a little bit.

응, 조금만.

02 **double** [dʌ́bl] a. 두 배의 ad. 두 배로

A I can make it double.

난 이것을 두 배로 만들 수 있어.

B Like magic?

마술처럼?

03 **few** [fjú:] a. 거의 없는

A You look unhappy.

너 안 좋아 보여.

B Because of few customers.

손님들이 거의 없기 때문이야.

04 **first** [fə́:rst] a. 첫 째의, 첫 번째의 ad. 첫 째로 n. 처음, 첫째

A Who will read it first?

누가 처음으로 읽을래?

B I will.

내가 할게.

 second [sékənd] a. 두 번째의 ad. 두 번째로 n. 2등, 두 번째

A Where is the shoes store?

신발 가게는 어디에 있니?

B It's on the second floor.

2층에 있어.

06 **third** [θə́:rd] a. 세 번째의 ad. 세 번째로 n. 3등, 세 번째

A Do you have any experience with this?

이것에 관한 경험이 있니?

B This is my third challenge.

이번이 세 번째 도전이야.

07 **last** [lǽst] a. 마지막의, 지난 ad. 마지막으로

A What's this? I think this is new wallet.

이건 뭐야? 내 생각에 새 지갑 같은데.

B I lost my wallet last week.

나 지난 주에 지갑을 잃어 버렸어.

08 **half** [hɑ̀:f] a. 반의 n. 절반 ad. 반 쯤

A How long does it take?

시간이 얼마나 걸리니?

B Half an hour.

30분.

09 **quarter** [kwɔ́ːrtər] a. 1/4의 n. 1/4

A How much salt do we need?

소금이 얼마나 필요하니?

B A quarter of teaspoon.

1/4 티스푼.

10 **hundred** [hʌ́ndrəd] n. 백(100) a. 백(100)의

A How many people joined this competition?

이 대회에 얼마나 많은 사람들이 참가하니?

B One hundred people.

100명.

11 **thousand** [θáuzənd] n. 천(1000) a. 천(1000)의

A How much is it?

얼마니?

B One thousand won.

천원이야.

12 **million** [míljən] n. 100만 a. 100만의

A It's a million dollars.

그것은 100만 달러야.

B It's too expensive.

너무 비싸.

13 **a lot of** a. 많은

A She's very smart.

그녀는 매우 똑똑해.

B She reads a lot of books.

그녀는 많은 책을 읽었어.

14 **nearly** [níərli] ad. 거의, 대략

A Nearly 200 people will enjoy that festival.

거의 200명 정도의 사람들이 그 축제를 즐길 거야.

B I can't wait it.

몹시 기다려져.

15 **about** [əbàut] prep. ~에 관하여 ad. 대략

A What are you worried about?

너 무엇에 대해 걱정하고 있니?

B I'm worried about the science test tomorrow.

난 내일 있을 과학시험이 걱정이 돼.

16 **only** [óunli] a. 유일한, 단 하나의 ad. 단지, 오직

A She likes only her doll.

그녀는 오직 그녀의 인형만 좋아해.

B Is it pretty?

그게 예쁘니?

17 **plenty** [plénti] a. 많은, 풍부한 n. 많음, 대량

A Calm down! we have plenty of time.

진정해! 시간은 넉넉해.

B But I have to finish it in thirty minute.

하지만 난 이것을 30분 안에 끝내야 해.

18 **several** [sévərəl] a. 몇몇의

A Is everyone here?

모두 여기에 있니?

B Yes, but except for several students.

응, 몇 명을 제외하면.

19 **too** [túː] ad. 너무나, 또한

A He is too tall.

그는 키가 너무 커.

B So he looks like my older brother sometimes.

그래서 가끔씩 우리 형처럼 보여.

20 **percent** [pərsént] n. 퍼센트 a. 퍼센트의

A It's made of 100 percent cotton.

이건 면 100 퍼센트로 만들어졌어.

B That's just what I'm looking for.

그게 바로 내가 찾는 거야.

A 다음 단어의 한글 뜻을 적으시오.

1 arrange ___________________ 2 plenty ___________________

3 pick ___________________ 4 heavy ___________________

5 piece ___________________

B 다음 뜻과 단어를 바르게 연결하시오.

6 자신의 것 • • pair

7 유일한 • • own

8 여분의 • • several

9 한 쌍 • • only

10 몇몇의 • • spare

C 다음 단어와 그 뜻이 바르게 연결된 것을 고르시오.

11 a. 1/4 - quarter b. 1/3 - half

    c. 백 - thousand d. 천 - hundred

D 다음 밑줄 그은 단어와 비슷한 뜻을 가진 단어를 고르시오.

12 The store expose goods for sale.

a. piece   b. list   c. item   d. choose

E 다음 밑줄 그은 뜻과 일치하는 단어를 고르시오.

first	tool	double

13 "첫 번째 것으로 주세요."

14 "오늘 수입은 두 배나 벌었다."

15 "도구를 써라."

Part 12

A|r|t
[예술]

Music 음악 | Fine Art 미술

Music

음악

01   **blow** [blóu]   v. 소리 내다, 울리다, 불다

A   The boy is blowing a silver horn.
그 소년은 은나팔을 불고 있다.

B   What a cute boy he is!
정말 귀여운 소년이구나!

02   **cello** [tʃélou]   n. 첼로

A   The cello has a lower tone than the violin.
첼로는 바이올린 보다 낮은 음색을 가지고 있다.

B   I didn't know that.
몰랐었어.

03   **chorus** [kɔ́ːrəs]   n. 코러스, 합창, 합창단

A   I sing in the chorus.
나는 합창단에서 노래한다.

B   Really? I want to see it sometime.
정말? 언젠가 보고 싶은데.

04   **composer** [kəmpóuzər]   n. 작곡가

A   Whom do you like among all the composers?
넌 작곡가들 중에서 누구를 좋아하니?

B   I like Beethoven. He's my ideal composer.
난 베토벤을 좋아해. 그는 내 이상적인 작곡가야.

05 **drum** [drʌ́m] n. 드럼

A What kinds of musical instruments do you play?
넌 어떤 종류의 악기를 다룰 줄 아니?

B I can play the drums.
나 드럼 칠 줄 알아.

06 **flute** [flúːt] n. 플루트

A Wow. It's new flute, right?
와우. 이거 새 플룻이구나. 맞지?

B My daddy bought it to me yesterday.
아버지가 어제 사 주셨어.

07 **guitar** [gitáːr] n. 기타

A Can you play the guitar?
너 기타 칠 줄 아니?

B Certainly, especially the electric guitar.
물론, 특히 전자기타.

08 **instrument** [ínstrəmənt] n. 악기

A What instruments do you play?
넌 어떤 악기를 연주하니?

B Nothing, I am a singer.
아무것도, 난 가수야.

09 **musician** [mjuːzíʃən] n. 음악가

A I want to be a musician.
난 음악가가 되고 싶어.

B In my opinion, you're late.
내가 보기에, 넌 늦었는데.

10 **orchestra** [ɔ́ːrkəstrə] n. 오케스트라, 관현악단

A She played the flute in the orchestra.
그녀는 관현악단에서 플룻을 연주한다.

B So do I.
나도 마찬가지야.

11 **organ** [ɔ́ːrgən] n. 오르간

A Can you play the organ?
너 오르간 칠 줄 아니?

B If it is similar to the piano, I can do it.
만약 피아노랑 비슷하다면 할 수 있어.

12 **perform** [pərfɔ́ːm] v. 연주하다

A What kind of music does he perform?
그가 어떤 장르의 음악을 연주하니?

B Almost everything.
거의 모든 장르.

13 **saxophone** [sǽksəfòun] n. 색소폰

A I want to learn the saxophone.

나 색소폰 배우고 싶어.

B May I introduce a good teacher to you?

내가 좋은 선생님 소개해줄까?

14 **sing** [síŋ] v. 노래하다

A I like singing a song.

난 노래하는 게 좋아.

B I envy you. I am tone-deaf.

네가 부러워. 난 음치야.

15 **tambourine** [tæmbərí:n] n. 탬버린

A I don't think playing tambourine is easy.

나는 탬버린 연주가 쉽다고 생각하지 않는다.

B What's the reason? Talk to me.

이유가 뭔데? 얘기해 봐.

16 **tempo** [témpou] n. 박자

A What tempo is this song?

이 노래 박자가 뭐야?

B I don't have any clue. I am not a musician.

몰라. 난 음악가가 아니야.

17 **tone** [tóun] n. 음, 음조, 음색

A I like the full rich tone of the trumphet.

난 트럼펫의 깊고 풍부한 음색이 좋아.

B Me too, but I like the violin better.

나도 그래, 하지만 난 바이올린이 더 좋아.

18 **violin** [vàiəlín] n. 바이올린

A She has a talent for playing the violin.

그녀는 바이올린 연주에 재능이 있어.

B She will be a world famous violinist soon.

그녀는 곧 세계적으로 유명한 바이올린 연주자가 될 거야.

19 **whistle** [hwísl] v. 휘파람을 불다 n. 휘파람

A Can you whistle?

너 휘파람 불 줄 아니?

B No, I can't, though I have tried many times.

아니 못해. 많이 시도 해봤는데도.

20 **xylophone** [záiləfòun] n. 실로폰

A I like the xylophone.

난 실로폰이 좋더라.

B Can I get your reason for it?

그것에 대한 이유를 알 수 있을까?

Fine Art

|미술

01 **dye** [dài] n. 염료 v. 물들이다

A She has her hair dyed red.

그녀는 머리를 빨갛게 염색했어.

B Really? She may look so beautiful.

정말? 아름다워 보일 것 같은데.

02 **brush** [brʌʃ] v. 붓으로 칠하다 n. 붓

A Have you seen my brush?

내 붓 봤니?

B No, I haven't. Why? Did you lose it again?

아니 못 봤는데. 왜? 또 잃어버렸니?

03 **canvas** [kǽnvəs] n. 캔버스, 화폭

A Kelly, where are you going?

Kelly, 어디 가는 중이야?

B To buy some canvas. Do you want to follow me?

캔버스 사러. 같이 갈래?

04 **colored paper** n. 색종이

A I need more colored papers.

색종이가 더 필요해.

B Why? If you are okay with it, I will give you mine.

왜? 너만 괜찮으면 내 것을 줄게.

05 **colored pencil** n. 색연필

A I can effectively use colored pencils for my picture.

난 내 그림에서 색연필을 효율적으로 사용할 수 있어.

B Colored pencils? I want to learn from you.

색연필을? 너한테 그걸 배우고 싶다.

06 **draw** [drɔ́ː] v. 그리다, 당기다, 끌리다 n. 끌어당김

A I love drawing a picture.

난 그림 그리는 게 너무 좋아.

B So do I, but my ability to draw a picture is poor.

나도, 그렇지만 그림 실력은 형편없어.

07 **drawing paper** n. 도화지

A Which do you like drawing papers or canvas?

너는 도화지와 캔버스 중에 어느 걸 더 좋아하니?

B Sometimes the former, but usually the latter.

때로는 전자지만, 대부분 후자가 나아.

08 **easel** [íːzəl] n. 이젤, 받침틀

A Do you know where I can buy a good easel?

너 어디에서 좋은 이젤을 살 수 있는 줄 아니?

B I don't know, but ask James. I heard he bought one last week.

잘 모르겠지만, 제임스한테 물어봐. 듣기로는 지난 주에 하나 샀다더라고.

09　**erase** [iréis]　v. 지우다

A　Erase it. It looks like a monster.

저거 지워라. 마치 괴물 같다.

B　This is a kind of art, teacher.

이것도 예술의 한 종류인데요, 선생님.

10　**fantastic** [fæntǽstik]　a. 환상적인

A　Look at this picture. It's so beautiful.

이 그림 좀 봐. 너무 아름다워.

B　At this time, I think fantastic is the right expression.

이럴 때는, 환상적이라는 표현이 적합한 것 같아.

11　**gallery** [gǽləri]　n. 미술관

A　How about SJ Galley study tour?

SJ 미술관 견학 어땠니?

B　Like my expectation.

예상과 같았지.

12　**glue** [glú:]　n. 풀

A　Could you pass that glue please?

저 풀 좀 건네줄래?

B　Here it is. No need to say thanks.

여기 있어. 고맙단 말은 하지 마.

13 **imagine** [imǽdʒin] v. 상상하다

A First, imagine your most happiest memory.

먼저 네 가장 행복한 기억을 떠올려봐라.

B But I can't remember my childhood any more.

하지만 유년시절은 전혀 기억나지 않아.

14 **make** [méik] v. 만들다

A What do you want to make?

넌 무얼 만들기를 원하니?

B I want to make a miniature of my house.

난 네 집의 축소모형을 만들기를 원해.

15 **oil painting** n. 유화

A Is this an oil painting or a watercolor?

이것은 유화인가요 아니면 수채화인가요?

B I don't know well.

잘 모르겠는데.

16 **painter** [péintər] n. 화가

A I hope to be a painter.

나는 화가가 되기를 원해.

B You're not late, try again.

늦지 않았어. 다시 도전해봐.

17 **pastel** [pæstél] n. 파스텔

> **A** What's your opinion about a pastel drawing?
>
> 넌 파스텔화에 대해 어떤 의견이니?
>
> **B** At least, it's not easy to make beautiful colors.
>
> 적어도, 아름다운 색을 만드는 게 쉽지는 않을 거야.

18 **picture** [píktʃər] n. 그림

> **A** I really want to draw a picture well.
>
> 난 정말 그림을 잘 그리길 원해.
>
> **B** You're good enough now.
>
> 넌 지금도 충분해.

19 **sketch** [skétʃ] v. 스케치하다, 사생하다 n. 사생도

> **A** Sketch anything you love.
>
> 네가 좋아하는 것을 스케치해라.
>
> **B** Can I sketch you?
>
> 널 스케치해도 되니?

20 **watercolor** [wɔ́:tərkʌ̀lər] n. 수채화 물감

> **A** I will go to my studio to get the watercolor.
>
> 나 수채화 물감 가지러 화방에 갈 거야.
>
> **B** Can I follow you?
>
> 나 따라가도 되니?

A 다음 단어의 한글 뜻을 적으시오.

1 xylophone ________________ 2 fantastic ________________

3 painter ________________ 4 gallery ________________

5 tempo ________________

B 다음 뜻과 단어를 바르게 연결하시오.

6 휘파람 • • chorus

7 지우다 • • pastel

8 파스텔 • • play

9 합창 • • erase

10 연주하다 • • whistle

C 다음 중 나머지 셋과 관련이 적은 것 하나를 고르시오.

11 ⓐ saxophone ⓑ sketchbook ⓒ glue ⓓ brush

12 ⓐ guitar ⓑ musician ⓒ flute ⓓ cello

D 다음 밑줄 그은 뜻과 일치하는 단어를 고르시오.

composer	dye	tone

13 "목소리 <u>톤</u>을 좀 더 낮게 해봐." ___________

14 "머리를 <u>염색</u>하고 싶어요." ___________

15 그 <u>작곡가</u>는 매우 유명하다. ___________

부록

전치사와 접속사

전치사와 접속사의 차이

전치사와 접속사는 연결어라는 데서 공통점이 있지만 전치사는 뒤에 명사 (혹은 명사에 해당하는 - 대명사 포함)를 데려오는 반면, 접속사는 완전한 절(주어와 동사)을 가져온다는 데에서 차이가 있다. 다음의 전치사와 접속사를 숙지하여 보다 풍부한 문장을 보는 시각을 키웠으면 한다.

전치사

1. 시간을 나타내는 전치사

① **at** (시각) 〈~에〉

② **on** (날짜, 요일, 특정한 날) 〈~에〉

③ **in** (주, 월, 계절, 년, 세기 등) 〈~에〉

④ **before** 〈~전에〉

    after 〈~후에〉

    till, until 〈~까지〉

2. 장소를 나타내는 전치사

① **at** 〈~에(서)〉 (비교적 좁은 장소에 쓰임)

    in 〈~에(서)〉 (비교적 넓은 장소에 쓰임)

② **on** 〈(접촉) ~에〉

    over 〈(바로 위) ~에〉

above (보다 위쪽에) ⟨~위에⟩

under (접촉해서) ⟨~ 아래에⟩

3. for, by

① **for** ⟨~을 향하여(목적)⟩, ⟨~ 동안(기간)⟩, ⟨~에게는⟩, ⟨~을 향하여⟩

② **by** ⟨~로(수단, 교통수단)⟩, ⟨~까지⟩, ⟨~옆에⟩

4. 그 외의 중요 전치사

① **during** ⟨~동안⟩

② **from A to B, from A till B** ⟨A에서 B까지⟩

③ **in front of (=before)** ⟨~앞에⟩

④ **like** ⟨~처럼⟩

⑤ **among** ⟨~중에⟩

⑥ **between A and B** ⟨A와 B 사이에⟩

⑦ **without** ⟨~없이, ~하지 않고⟩

⑧ **behind** ⟨~뒤에⟩

⑨ **out of** ⟨~에서⟩

　　＊They made the rings out of gold. (그들은 반지를 금으로 만들었다.)

⑩ **along** ⟨~을 따라⟩

⑪ **on** (표면에 접촉하여) ⟨위에⟩

　　beneath (표면에 접촉하여) ⟨아래에⟩

⑫ **over** ⟨~(바로) 위에⟩

　　under ⟨~(바로) 아래에⟩

⑬ **above** ⟨~보다 높은 위쪽에[으로]⟩

　　below ⟨~보다 낮은 아래쪽에[으로]⟩

⑭ **up** ⟨~의 위쪽으로⟩

　　down ⟨~의 아래쪽으로⟩　＊모두 방향성이 있다.

⑮ **around** 〈~의 주위에, 둘레에〉 (정지 상태)

   round 〈~의 주위로〉 (운동 상태)

   about 〈~의 부근에, 여기저기에〉 (막연한 주위)

접속사

1. **while** : 반면에

2. **so that** :「목적」~하도록(하기위해 …하다.

    「결과」몹시 ~해서 …하다.

3. **so~ that**… : 너무 ~해서 …하다.

4. **until** : ~할 때까지

5. **although** : 비록 ~이지만.

6. **since** : ~한 이래로; ~이기 때문에(=because)

7. **because/for** : 왜냐하면 ~이기 때문에

8. **if** : 만약 ~한다면

9. **unless** : 만약 ~하지 않는다면(=if not)

10. **even though** : 비록 ~라 할지라도

11. **otherwise** : 다른 점에서는

12. **Not until** : 비로소

13. **as long(far) as** : ~하고 있는 동안

14. **not only(just, mere) A but also B** : A 뿐만 아니라 B도

15. **B as well as A** : A 뿐만 아니라 B도

16. **neither A nor B** : A도 B도 아니다.

nswers

Part 1 Person
사람

A

1 영향을 미치다
2 껍질을 벗기다, 피부
3 사라지다, 소멸되다
4 용감한
5 존경하다

B

6 실망한 – disappointed
7 소심한 – shy
8 몸짓 – gesture
9 위(몸의 기관) – stomach
10 호기심이 있는 – curious

C / D

11 c   12 b

E

13 rude   14 voice
15 honest

Part 2 People
사람들

A

1 친척   2 회사, 동료
3 조밀한, 밀집한   4 주차장
5 비행기 조종사

B

6 조카 – niece
7 속도 – speed
8 출발하다 – departure
9 간호사 – nurse
10 교차점 – intersection

C

11 uncle   12 soldier
13 subway   14 aunt
15 marry

Part 3 Life
삶

A

1 스타일, 모양   2 해산물
3 식당   4 지붕
5 녹다

B

6 접시 – dish
7 신선한 – fresh
8 바지 – trousers
9 맛있는 – delicious
10 이사하다 – move

C

11 c   12 a

D

13 neighbor   14 salt

15 address

Part 4 Daily Life
일상생활

A

1 항상　　　2 상상하다
3 장식하다　　4 현금
5 가격, 값

B

6 결혼식 – wedding
7 인사하다 – greet
8 ~까지 – until
9 가격 – price
10 가치 – brand

C / D

11 b　　　12 d

E

13 invite　　14 holiday
15 finish

Part 5 Health & Hobbies
건강과 취미

A

1 약　　　2 대회
3 사막
4 모으다, 수집하다
5 법정

B

6 거리 – distance
7 시합, 경기 – match
8 아픈 – sore
9 등반하다 – climb
10 즐기다 – enjoy

C

11 dangerous
12 recover
13 ski
14 travel
15 photograph

Part 6 Society & Culture
사회와 문화

A

1 경주하다, 경주　2 방송
3 인식하다　　　4 유명한
5 옳은, 권리

B

6 society　　7 system
8 truth　　　9 article
10 announced

C / D

11 C　　　12 b

E

13 freedom　　14 lead
15 magazine

Part 7 Science 과학

A

1 기술 2 채팅, 잡담하기
3 공간, 우주 4 인쇄하다
5 과학자

B

6 발견하다 – discover
7 훑다 – scan
8 우주선 – spaceship
9 탁상용의 – desktop
10 기계 – machine

C

11 download 12 information
13 effect 14 clicked
15 experiment

Part 8 Education 교육

A

1 교육하다 2 시, 운문
3 생물학 4 정치학
5 철학

B

6 의미하다 – mean
7 교과과정 – curriculum
8 지리 – geography
9 졸업하다 – graduate
10 도서관 – library

C / D

11 b 12 a

E

13 chemistry 14 dictionary
15 prepare

Part 9 Economy 경제

A

1 손님 2 둥근, 가까이에
3 빈
4 ~도 또한 아니다, 어느 쪽도 아닌
5 편리한

B

6 necessary
7 market
8 mistake
9 alike
10 full

C

11 관리하다, 경영하다 – manage
12 세다 – count
13 계산서 – bill
14 요구하다 – demand

D

15 a

A

1 나뭇잎 2 홍수, 범람하다
3 맑은, 명백한 4 수도, 자본
5 방향, 지도

B

6 hometown 7 nearby
8 protect 9 frozen
10 village

C / D

11 c 12 b

E

13 guide
14 church
15 beach

Part 11 **Things** 물건

A

1 배열하다, 정돈하다
2 많은, 풍부한 3 골라잡다, 쪼다
4 무거운 5 조각

B

6 자신의 것 – own
7 유일한 – only
8 여분의, 예비의 – spare
9 한 쌍 – pair
10 몇몇의 – several

C / D

11 a 12 c

E

13 first
14 double
15 tool

Part 12 **Art** 예술

A

1 실로폰 2 환상적인
3 화가 4 미술관
5 박자

B

6 휘파람 – whistle
7 지우다 – erase
8 파스텔 – pastel
9 합창 – chorus
10 연주하다 – play

C

11 a 12 b

D

13 tone 14 dye
15 composer